으랏차차 노벨 생리·의학상으로 가는 길

**으랏차차
노벨 생리·의학상으로 가는 길**

초판 1쇄 발행 2022년 11월 14일

글쓴이 김성호
그린이 금요일

편집장 천미진 | 편집 최지우, 김현희
디자인 최윤정 | 마케팅 한소정 | 경영지원 한지영

펴낸이 한혁수 | 펴낸곳 도서출판 다림 | 등록 1997. 8. 1. 제1-2209호
주소 07228 서울시 영등포구 영신로 220 KnK 디지털타워 1102호
전화 02-538-2913 | 팩스 070-4275-1693 | 전자 우편 darimbooks@hanmail.net
블로그 blog.naver.com/darimbooks | 다림 카페 cafe.naver.com/darimbooks

ISBN 978-89-6177-300-3 73510

ⓒ 2022 김성호, 금요일

이 책 내용의 일부 또는 전부를 사용하려면 반드시 저작권자와 도서출판 다림의 서면 동의를 받아야 합니다.
책값은 뒤표지에 있습니다.

제품명: 으랏차차 노벨 생리·의학상으로 가는 길	**제조자명:** 도서출판 다림	**제조국명:** 대한민국
전화번호: 02-538-2913	**주소:** 서울시 영등포구 영신로 220 KnK 디지털타워 1102호	
제조년월: 2022년 11월 14일	**사용연령:** 10세 이상	⚠ **주 의** 아이들이 모서리에 다치지 않게 주의하세요.

※KC마크는 이 제품이 공통안전기준에 적합하였음을 의미합니다.

으랏차차 노벨 생리·의학상으로 가는 길

김성호 글 금요일 그림

다림

작가의 말

19세기 중반, 유럽에 콜레라가 유행하자 의사들은 사람들에게 징을 울리고 계곡을 폭파하라고 지시했어요. 시끄러운 소리가 콜레라를 몰아낼 거라고 생각한 거예요. 영국 정부는 신의 도움이 필요하다며 기도하는 날을 공휴일로 정했어요. 근대 서양 의사들은 병은 나쁜 공기 때문에 생긴다는 '독기론'을 믿었어요. 백의의 천사로 유명한 나이팅게일이 병실을 열심히 청소한 것도 독기론 신봉자였기 때문이에요. 노벨 생리·의학상이 만들어질 무렵 서양 의학의 현주소였어요. 과학과 공상이 합쳐진 이상한 구조였어요.

노벨상은 의학 역사에서 중요한 전환점이었어요. 20세기 초, 노벨상이 시작되면서 의학은 이전과는 비교도 할 수 없을 만큼 눈부시게 발전했어요. 노벨상이 주는 10억 원이 넘는 상금과 메달, 상장, 무엇보다 세계 최고라는 권위와 명예는 많은 과학자를 자극하는 훌륭한 동기 부여가 되었어요.

비록 노벨상 수상자는 아니지만 프랑스 세균학자 파스퇴르는 병을 일으키는 것은 나쁜 공기가 아니라 세균과 같은 미생물이라는 사실을 밝혀냈어요. 그와 경쟁하던 코흐는 결핵균을 발견해 1905년에 노벨 생리·의학상 수상자가 되었고요. 코흐의 제자였던 베링은 디프테리아 치료제를 개발했어요. 비타민과 당뇨 치료제인 인슐린의 발견과 감염병을 치료하는 항생제 개발 등은 많은 인류를 질병으로부터 구했고, 이것은 수명 연장으로 이어졌어요. 오늘날에는 인간의 DNA를 분석하는 유전 공학으로 생명 현상의 비밀이 밝혀지고 있고 불치성, 난치성 질병을 치료하는 가능성까지 열렸어요. 수상자들은 오랫동안 인류가 속수무책이었던 수많은 질병에 해법을 제시했고 상상으로만 그쳤던 생명 현상의 베일을 벗겨 냈어요. 하지만 세상에는 해결되지 않은 질병이 여전히 많고, 코로나와 같은 신종 전염병도 계속 생겨나고 있어요. 노벨 생리·의학상의 역할이 앞으로도 중요한 이유예요.

2020년까지 222명이 노벨 생리·의학상을 수상했어요. 서양인은 216명(97.3%), 아시아인은 6명(2.7%), 그중 일본인이 5명 중국인이 1명이에요. 동아시아 국가 중 유일하게 한국에서만 수상자가 없다는 게 무척 아쉬워요. 한국인 수상자가 꼭 나오기를 기대합니다.

이 책이 다루는 내용은 노벨 생리·의학상 역사에서 극히 일부에 불과해요. 더 많은 사례를 담고 싶었으나 책 한 권으로는 한계가 있었어요. 어떤 것을 쓸까 참 많이 고민했어요. 가급적 중·고교 교과서에도 나오고 역사적으로 비중 있다고 판단되는 내용으로 추려 봤어요. 재미있게 읽어 주시면 감사하겠습니다.

끝으로 이 책이 나올 수 있도록 도움을 주신 도서출판 다림 관계자 여러분과 고향의 부모님께 감사하다는 말씀을 드립니다.

2021년 늦여름 원주에서
김성호

목차

1장 노벨 생리·의학상은 어떤 상일까?

노벨은 어떤 사람일까?	12
노벨은 왜 노벨상을 만들었을까?	13
노벨 생리·의학상은 어떤 상일까?	15
노벨 생리·의학상에 흑역사가 있다고?	17
부록 노벨상 타는 데 25년이나 기다려야 하는 이유	22

2장 경이로운 노벨상 수상자의 탄생

세균학의 아버지 파스퇴르	26
모험심 강한 시골 의사 코흐	29
디프테리아균을 물리치는 항체를 찾아서	33
부록 백신은 어떻게 병을 예방할까?	38

3장 당뇨병 치료의 시작, 인슐린

당뇨, 죽음의 사중주　　　　　　　　　　　　42
당뇨는 어떤 병일까?　　　　　　　　　　　　43
인슐린을 찾아라!　　　　　　　　　　　　　46
한가한 캐나다 의사 밴팅의 운명이 뒤바뀌다　48
당신은 상을 받을 자격이 없어!　　　　　　　50
🔵 부록 질투와 시샘의 노벨상　　　　　　　　52

목차

4장 문제는 음식이었어. 비타민 이야기

신선한 과일과 채소를 먹이자!	59
각기병과 현미밥	62
부록 비타민, 제대로 알고 먹자!	66

5장 세균으로부터 살아남기, 인류의 선물 항생제

무서운 종기	71
마법의 탄환 항생제	72
게으른 의사, 알렉산더 플레밍	74
설파제를 만든 도마크, 뒤늦은 노벨상을 받다	78
부활한 페니실린, 세상의 빛이 되다	80
부록 우리나라 국민 고약	84

6장 이중 나선의 비밀을 밝혀라!

유전의 비밀은 피가 아니라 DNA!	89
여자가 무슨 과학이야!	91
DNA 연구 경쟁의 최후 승자	93
DNA 이중 나선 구조가 대체 뭐야?	94
DNA는 단백질 설계도	97
인간 게놈 프로젝트	98
유전자를 싹둑 자르는 가위	99
부록 하찮지만 알고 보면 슈퍼 곤충, 초파리	102

1장

노벨 생리·의학상은 어떤 상일까?

노벨은 어떤 사람일까?

알프레드 노벨은 1833년 스웨덴에서 태어난 화학자이자 발명가예요. 19세기 초, 유럽은 공장을 많이 세웠어요. 도로와 철도를 건설하고 터널과 운하도 많이 만들었어요. 터널을 만들고 도로를 건설하려면 산에 구멍을 뚫고 단단한 암석과 질긴 나무뿌리, 흙 등을 걷어 내야 해요. 삽이나 곡괭이로는 어림도 없어요. 한 번에 쾅 하고 부술 수 있는 아주 강력한 화약이 필요했어요.

알프레드 노벨
(출처: 위키미디어커먼스)

당시에도 화약이 있긴 했어요. 하지만 그 당시의 화약은 물약 같은 액체였어요. 조금만 잘못 다루어도 뻥뻥 터져서 많은 사람이 다치거나 목숨을 잃었어요. 노벨의 동생도 화약 폭발로 사망했어요. 노벨은 안전한 화약을 만들어야 한다고 생각했어요.

다이너마이트는 이전의 화약보다 훨씬 안전해!

"훨씬 안전하면서 보다 강력한 화약을 만들어야 해."

연구에 연구를 거듭한 결과, 노벨은 1866년에 다이너마이트(Dynamite)를 만들었어요. 다이너마이트는 액체인 나이트로글리세린을 고체로 만든 폭약이에요. 불붙이는 장치에 불을 붙여야만 폭발하기 때문에 액체 화약보다 훨씬 안전했어요. 다이너마이트는 나오자마자 불티나게 팔렸어요. 덕분에 노벨은 돈을 많이 벌었어요.

노벨은 왜 노벨상을 만들었을까?

힘 좋고 안전하기까지 한 다이너마이트는 전쟁에서 사람을 죽이는 무기로 쓰이게 되었어요. 자신이 만든 다이너마이트가 사람을 죽이는 무기로 변하자 노벨의 마음은 편하지 않았고, 죄책감 때문에 노벨상을 만들었다는 이야기가 있어요.

'죽음의 상인, 알프레드 노벨, 사망하다'

어느 날, 신문에 노벨이 죽었다는 기사가 실렸어요. 노벨은 황당하기 그지없었지요.

"내가 죽었다고? 나는 지금 멀쩡히 살아 있는데? 대체 이게 어찌 된 일이지?"

알고 보니 그 기사는 잘못된 기사였어요. 노벨의 형이 죽었는데, 노벨이 죽은 줄 알고 착각한 기자가 그런 기사를 내보낸 것이었어요.

노벨은 그냥 웃고 넘어갈 수 없었겠지요. '죽음의 상인'이라니, 기자는 대량 살상 무기를 팔아 돈을 번 노벨을 그렇게 비꼬고 있었어요. 세상은 나를 이렇게 보고 있구나 하는 생각에 노벨의 마음은 납덩이처럼 무거웠을 거예요.

1896년 노벨은 63세의 나이로 숨을 거뒀어요. 이제 사람들의 관심은 노벨이 남긴 막대한 재산에 쏠렸어요. 노벨의 유산은 지금 돈으로 약 2천억 원이 넘는 큰돈이었어요. 그런데 노벨은 평생 결혼을 하지 않아서 재산을 물려줄 아내와 자식이 없었어요. 이 큰돈을 받을 사람은 마땅히 없었어요. 노벨은 숨을 거두기 전 1895년, 누구도 예상하지 못한 유언장을 남겼어요.

'재산의 20퍼센트는 친척에게, 17퍼센트는 병원 등에 기부한다. 나머지 재산은 매년 인류에 가장 큰 공헌을 한 사람들에게 상을 주는 데 쓰도록 한다.'

바로 노벨상에 관한 유언이었어요. 노벨은 5개의 분야를 콕 집어 말했어요. 물리학, 화학, 생리학 및 의학, 문학, 그리고 평화예요. 처음에는 5개였

다가 1968년 경제학이 추가되면서 노벨상 분야는 6개로 늘어났어요.

스웨덴은 술렁였어요. 유산을 몽땅 받을 줄 알고 기대했던 노벨의 친척들은 인정하지 못하겠다며 항의하기도 했어요. 스웨덴 정부도 왜 스웨덴 국민의 돈을 엉뚱한 데 쓰느냐, 반드시 스웨덴 나랏돈으로 쓰게 하겠다며 으름장을 놓았어요. 하지만 노벨의 뜻이 그렇다는데 어쩌겠어요?

노벨의 유언을 집행한 사람들은 1901년 노벨 재단을 세웠어요. 그리고 매년 노벨이 사망한 12월 10일에 노벨상을 시상하기로 정했어요. 수상자는 상금과 메달, 상장을 받게 되었지요. 그러나 노벨상의 진정한 가치는 상금도, 메달도, 상장도 아니에요. 수상자가 해당 분야에서 세계 최고라는 것을 인정받는 데 있어요. 권위와 명예는 돈으로 사고팔 수 없으니까요.

노벨 생리·의학상은 어떤 상일까?

우리나라에서는 보통 노벨 의학상이라고 알려진 이 상의 공식적인 이름은 노벨 생리·의학상이에요. 생리학 또는 의학에서 뛰어난 업적을 낸 사람에게 주는 상이에요. 의학은 질병의 원인을 알아내고 백신*과 같은 예방약이나 치료제를 개발하는 학문이에요. 그럼 생리학은 뭘까요? 생리학은 우리 몸의 세포라던가 근육, 신경 등이 어떤 활동을 하는가를 연구하는 학문이에요. 쉽게 말해, 생물학의 한 분야예요.

지금은 생리학과 의학이 다른 분야이지만 노벨이 살던 시대에는 두 학문이 크게 구별되지 않아 이렇게 짝으로 묶어 상을 줬어요.

생리·의학상과 화학상, 물리학상, 이 셋을 묶어 노벨 과학상이라고도 불

● **백신** 바이러스와 세균을 매우 약하게 만들어 몸속에 넣는 약. 이렇게 몸에 들어온 바이러스와 세균에 우리 몸이 맞서 싸우면서 면역력이 생긴다.

러요. 노벨상은 상에 따라 수상자를 선정하는 기관이 달라요. 물리학과 화학상은 스웨덴 왕립 과학 아카데미에서, 생리·의학상은 스톡홀름에 있는 카롤린 의학 연구소 노벨 총회에서, 평화상은 노르웨이 의회가 선출하는 5인 위원회에서, 문학상은 스웨덴·프랑스·스페인의 세 아카데미에서, 경제학상은 스웨덴 왕립 학회에서 선정해요.

노벨 과학상은 유난히 공동 수상자가 많아요. 노벨상은 한 분야에서 3명까지 공동 수상을 허락하고 있어서예요. 1901년 처음으로 공동 수상자가 2명이 나왔고 1950년대부터는 공동 수상이 대세가 되었어요. 2001년부터 2020년까지 치러진 20번의 시상식에서 50명이 수상했어요. 매년 2.5명이 상을 받은 셈이에요. 초창기에는 뛰어난 연구자 혼자서 해당 분야에서 위대한 업적을 내는 게 가능했어요. 하지만 시간이 흐르면서 지식은 더욱 방대해졌고 기술 또한 눈부시게 발전하고 복잡해졌어요. 어떤 연구를 시작할 때 1명의 노력과 재능만으로는 성과를 내는 데 한계가 있어요. 여럿이 달려들어 함께 연구를 하는 시대로 접어들면서 공동 수상자가 많아진 거예요.

자, 그렇다면 수상자의 나이는 어느 정도일까요? 놀라지 마세요. 최근 10년간 노벨 과학상 수상자의 평균 연령은 무려 69세예요.

"결심했어! 내 꿈은 노벨 생리·의학상 수상이야!"

노벨 과학상을 꿈꾸는 과학자는 보통 서른 살을 넘긴 나이에 연구를 시작해요. 이때부터 연구실에서 실험 도구와 씨름하며 젊은 날을 보내요. 이 연구 기간이 보통 30년이 넘어요. 대부분 수염과 머리가 허옇게 세고, 눈가와 이마에 주름이 쪼글쪼글해지고 눈이 침침해질 무렵 간신히 만족할 만한 성과를 낼 수 있어요. 성과를 내었다 해서 상을 받을 수 있는 건 아니에

▲ 스코틀랜드 국립 박물관에 전시되어 있는 노벨상 메달 (출처: 위키미디어커먼스)

요. 전 세계 과학자들과의 치열한 경쟁을 넘어서야 수상자 후보에 겨우 이름을 올릴 수 있어요. 끝내 꿈을 이루지 못하고 눈을 감는 과학자들도 많아요. 전 세계 70억 명의 사람 중 매년 몇 명만 선택받는 영광, 그것이 노벨상이에요.

그런 점에서 보면, 1923년 수상자 프레더릭 밴팅은 꽤 운이 좋았어요. 캐나다 의사 밴팅은 연구를 시작한 지 1년 만에 당뇨병 치료제인 인슐린을 발견하고 다시 1년 후 노벨상까지 거머쥐었거든요. 그때 밴팅의 나이는 32세였어요. 노벨 생리·의학상을 받은 사람 중 가장 어리고 가장 빨리 업적을 인정받은 인물로 지금도 많은 사람이 기억하고 있어요. 밴팅 이야기는 뒤에서 자세히 다룰 테니 조금만 기다리세요.

노벨 생리·의학상에 흑역사가 있다고?

노벨 생리·의학상 수상자들의 연구는 제약 회사 등을 통해 신속하게 백신과 치료제로 만들어지거나 의료 현장에서 치료법으로 사용되어요. 한시라도 빨리 불치병과 난치병으로 고통받는 환자들을 구해야 하니까요.

하지만 연구자도 사람, 노벨상 심사 위원도 사람이에요. 사람이 하는 일에는 실수가 있기 마련이에요. 수상 당시에는 높은 평가를 받았으나 뒤늦게 부작용이 알려져 노벨상 권위에 흠집을 낸 사건이 몇 번 있었어요.

혹시 〈쇼생크 탈출〉이라는 영화를 본 적이 있나요? 한 은행원이 살인 누명을 쓰고 교도소에 갇혔다가 탈출한다는 줄거리예요. 주인공이 감옥에 들어간 첫날, 벌거벗은 몸에 밀가루처럼 하얀 가루를 뒤집어써요. 이 가루는 죄수들 몸에 득시글한 이와 벼룩을 제거하는 DDT예요.

DDT는 1874년, 오스트리아의 화학자인 오트마 자이들러가 처음 만들었어요. 사실 자이들러는 살충제를 만들려고 한 게 아니었어요. 옷감에 색을 물들이는 약을 연구하는 과정에서 어쩌다 만들었어요. 그 당시에는 DDT에 살충 효과가 있는지 전혀 몰랐고, 이것이 밝혀진 것은 훨씬 훗날의 일이에요.

1939년, 스위스의 화학자 파울 헤르만 뮐러는 벌레를 퇴치하는 살충제 연구를 하고 있었어요. 벌레는 농작물을 먹어 치우고 사람에게 병을 옮기는 성가신 존재였어요. 그 시대에도 살충제는 있었지만 비싸고 독해서 인간에게도 위험했어요. 뮐러는 저렴하면서 사람에게도 안전한 살충제를 만들고 싶었어요. 뮐러는 유리 상자에 벌레를 넣고 다양한 물질을 뿌린 뒤 상태를 관찰했어요. 4년간 349개의 물질을 써 봤지만 마음에 드는 게 없었어요. 뮐러가 350번째로 선택한 물질은 65년 전, 자이들러가 우연히 만든 DDT였어요.

"세상에 이럴 수가!"

뮐러는 깜짝 놀랐어요. DDT는 곤충은 귀신같이 때려잡으면서 사람에게는 안전했어요. 마치 '나는 오직 곤충만 패!'라고 작정한 것처럼 보였어요.

곤충의 몸 표면엔 얇은 지방층이 있어요. 물에 젖지 않도록 막아 주는 역할을 하지요. 그런데 DDT는 지방에 잘 녹는 성질인 지용성을 띠고 있어요. 곤충 몸에 닿으면, 지방층에 스르륵 녹아들어 몸속으로 침투해요. 그리고 곤충의 신경을 마비시켜 죽음으로 이끌고 간답니다. 반면에 DDT가 사람의 신경을 마비시킬 위험성은 매우 낮다고 판단되었어요. 따라서 DDT는 사람에게는 안전하지만 곤충에게는 치명적인 살충제로 평가받았어요.

1942년, DDT가 제품으로 만들어져 불티나게 팔렸어요. 농부와 도시에 거주하는 주부, 독을 가진 벌레들이 들끓는 밀림에서 비밀 작전을 펼치는 군대, 학교, 심지어 포로수용소*에서도 DDT를 샀어요. 벌레들은 DDT를 맞는 순간 픽픽 나가떨어졌어요. 정말이지 효과 만점이었어요. DDT 덕분에 식량 생산은 늘어났고 벌레가 옮기는 질병도 많이 사라졌어요. 1940년대에 말라리아로 목숨을 잃을 뻔한 사람들을 DDT가 약 500만 명 정도 구했을 거라고 할 정도였죠. 뮐러는 이 공로를 인정받아 1948년 노벨 생리·의학상을 받았어요. 사람들은 뮐러가 그럴 자격이 충분하다고 생각했어요.

하지만 1950년대 중반부터 DDT의 문제가 드러났어요. 장점이라고 생각했던 DDT의 지용성이 문제였어요. DDT는 지방에는 잘 녹지만 물에는 잘 안 녹아요. 물에 녹지 않으니 플라스틱처럼 분해되지도 않았어요. 밭에 뿌

•**포로수용소** 전쟁 중 사로잡은 적을 가두고 거주시키는 시설.

린 DDT가 10분의 1로 줄어드는 데 약 50년이 걸릴 정도였으니까요.

밭에 뿌린 DDT가 바람에 날려 강이나 호수에 떨어지면 물고기 배 속으로 들어가요. 물고기 몸에는 지방이 많고 DDT는 지방에 잘 녹아요. 물고기가 오줌이나 똥을 눠도 몸에 들어온 DDT는 빠져나가지 않고 계속 몸속에 남아 있어요. 그 물고기를 다시 사람이 먹으면 물고기 몸속에 쌓인 DDT가 사람의 몸속에 쌓여요. 인간이 물고기를 많이 먹을수록 몸속에 DDT가 계속 쌓이는 거예요.

DDT가 피부에 닿아도 안전하다고 보았지만, 그게 완벽하게 안전한 것은 아니었어요. DDT는 기본적으로 독성을 띤 살충제예요. 몸속에 쌓인 DDT는 암의 원인이 되기도 하고, 신체 마비나 경련을 일으키기도 해요.

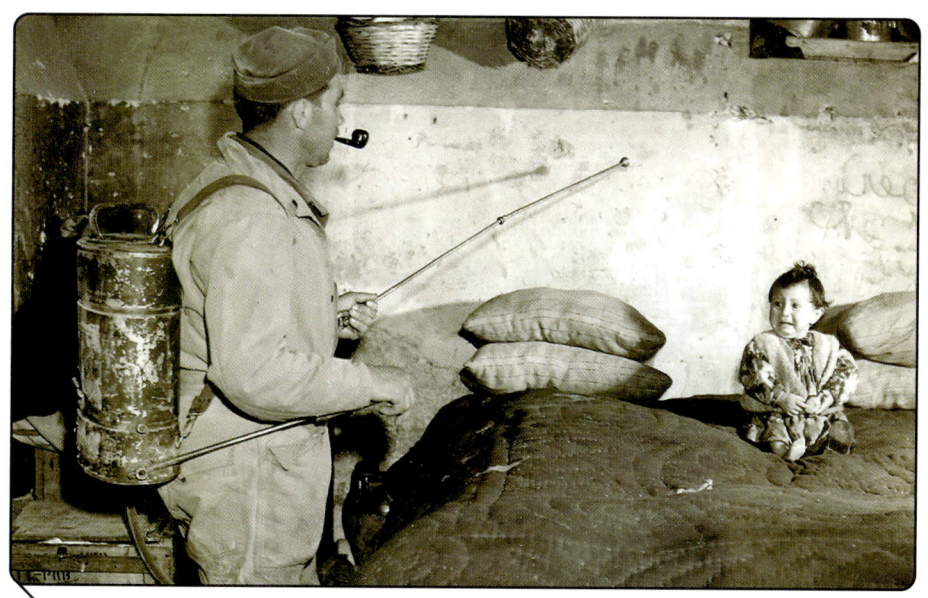
DDT 살포 장면 (출처: 위키미디어커먼스)

이렇게 DDT의 위험성이 알려지자 전 세계에서 DDT를 사용하는 것에 반대하는 운동이 일어났어요. 결국 1979년부터 DDT는 판매가 금지되었어요. 이런 면에서 뮐러의 노벨상을 실수라고 말하는 사람들도 많아졌어요. 하지만 DDT로 인해 수많은 생명을 살렸고 의학적으로 많은 변화를 이끌어 낸 것도 사실이에요. 이러한 점에서 볼 때 뮐러의 수상을 단순히 실수라고 말하기는 어려운 부분이 있어요.

부록
노벨상 타는 데 25년이나 기다려야 하는 이유

안토니우 에가스 모니스
(출처: 위키미디어커먼스)

오늘날 전 세계 인구 100명 중 13명 이상이 정신 분열병, 우울증, 공황 장애, 망상과 같은 정신 질환을 겪고 있어요. 현대 의학은 정신 질환자들에게 약물 치료와 상담 그리고 다양한 재활 프로그램을 제공하고 있어요. 하지만 약 100여 년 전까지는 그런 치료법이 없었어요.

"군사들이여, 나를 따르라! 캬캬캬!"

"또 발작이군. 간호사, 이 환자 묶어!"

옛날 의사들은 정신 질환자를 짐승처럼 다뤘어요. 환자가 날뛰기 시작하면 감당할 수 없었어요. 쇠사슬로 환자의 몸을 묶어 좁고 컴컴한 공간에 집어넣거나, 천으로 눈과 귀를 가린 다음 몇 시간이고 의자에 앉혀 뒀어요. 진정시킨다는 이유로 말라리아균 주사를 놔서 환자를 쓰러지게 하는 의사부터 물고문에 전기 고문을 하는 의사까지 가지각색이었어요. 이런 치료를 받는다고 해서 모두 낫는 것도 아니었어요. 정신 질환자들은 계속 불어났어요. 1930년대 말 미국의 정신 병원에 입원한 환자만 41만 명이 넘을 정도였다고 해요.

1935년 포르투갈 의사 안토니우 에가스 모니스는 기괴한 방법을 시도했어요. 가는 철사를 뇌에 넣고 회전시켜 뇌 신경을 잘라 내는 수술을 감행한 거예요.

모니스는 난폭한 침팬지의 전두엽 신경을 일부 잘라 내자 매우 얌전하게 변했다

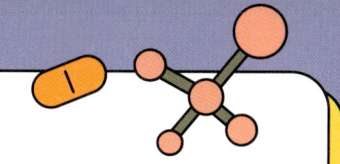

는 연구 결과를 보고 전두엽 시술의 아이디어를 얻었어요. 환자들은 수술을 받고 거짓말처럼 얌전해졌어요. 당연한 일이었어요. 두뇌의 가장 앞쪽에 위치한 전두엽은 생각과 감정을 담당해요. 그래서 전두엽을 잘라 내면 사람은 감정도 생각도 없는 멍한 상태로 변해요. 마치 숨만 쉬는 좀비처럼요.

모니스에게는 그런 건 아무래도 상관없었어요. 환자가 더 이상 날뛰지 않고 조용해졌다는 사실만이 중요했어요.

모니스의 치료법은 이내 전 세계로 퍼져 나갔어요. 1950년대까지 미국에서만 4만여 명이 이 수술을 받았다고 해요. 모니스는 1949년 노벨 생리·의학상까지 받았어요. 하지만 환자 가족의 충격적인 증언이 속속 이어지면서 상황은 달라졌어요. 수술을 받은 일부 환자들은 지능이 떨어지고 무기력해지는 부작용을 겪었거든요.

인격을 무시하는 잔인한 치료라는 비난이 빗발치자 이 엽기적 수술은 1960년대 이후 금지되었어요. 사람들은 상을 준 노벨 위원회를 비판했어요. 노벨 위원회는 '그때는 그게 최선이었어요.'라고 답변했지만 비난을 피하지 못했어요.

결국 노벨 위원회는 규정을 바꿨어요. 수상 후보자의 연구가 아무리 획기적이더라도 바로 상을 주는 대신 그 연구를 검증하는 데 보다 많은 시간을 쓰기로 했어요. 1970년대까지는 과학자가 연구 발표 후 수상까지 평균 10년이 걸렸으나 지금은 검증 기간이 약 25년으로 늘어났어요. 의학은 사람들의 소중한 생명을 다루는 분야이기 때문이에요.

2장
경이로운 노벨상 수상자의 탄생

"마… 만나서 영광입니다. 코흐 교수님!"

"흠. 이름이 베링이라고 했나? 자네에게 첫 연구 과제를 주겠네."

베링은 가슴이 콩닥콩닥 뛰었어요. 당대 최고의 세균학자로 불리던 '하인리히 코흐'의 연구실에서 연구원으로 일하게 되었기 때문이에요. 베링은 당시 유행하던 감염병인 디프테리아에 대한 연구를 시작하게 되었어요.

연구를 하던 베링은 1881년 파스퇴르가 진행했던 대규모 가축 탄저병 백신 실험을 떠올렸어요. 탄저균을 약하게 만든 뒤, 이를 동물들에게 주사하자 상당수의 동물이 탄저병을 가볍게 앓고 건강을 회복했어요. 베링은 이 실험 결과에 주목했어요.

세균학의 아버지 파스퇴르

1901년, 제1회 노벨 생리·의학상 수상자로 독일 세균학자 에밀 폰 베링이 뽑혔어요. 베링을 이야기하기 전에 우리는 두 사람의 이름을 기억할 필요가 있어요. 바로 프랑스의 화학자 파스퇴르와 독일의 세균학자 코흐예요. 베링의 업적은 두 사람의 연구가 있었기에 가능했어요.

파스퇴르는 1822년 프랑스에서 태어난 화학자예요. 하루는 포도주를

루이 파스퇴르 (출처: 위키미디어커먼스)

만드는 양조업자들이 파스퇴르를 찾아왔어요. 애써 담근 포도주가 맛이 변했는데 이유를 모르겠다고 투덜댔어요. "그래요?" 파스퇴르는 현미경으

로 문제의 포도주를 관찰했어요. 포도주 안에는 이상한 미생물●이 꿈틀거리고 있었어요.

"훗, 이놈들이 범인이었군, 포도주가 발효하고 음식이 상하는 건 미생물 때문이었어!"

그런데 과학자들은 파스퇴르의 말을 믿지 않았어요. 빵이나 고기를 오래 두면 악취가 나고 구더기가 들끓잖아요? 미생물이 음식물을 분해하는 과정에서 부패하기 때문이에요. 당시 과학자들은 미생물이 음식을 분해하는 게 아니라 부패한 음식에서 미생물이 생긴다고 생각했어요. 이것을 자연 발생설이라고 불러요.

"부모가 있어야 자식이 있듯, 미생물도 미생물로부터 탄생하는 거야."

파스퇴르는 자연 발생설에 맞서 모든 생명체는 생명체로부터 나온다는 생명 속생설을 주장했어요. 사람들이 여전히 믿지 않자 파스퇴르는 한 가지 실험을 했어요. 파스퇴르는 백조의 목처럼 입구가 가늘고 긴 플라스크에 고깃국을 넣고 팔팔 끓였어요. 고깃국에 든 미생물이 충분히 다 죽을 만큼요. 그러면 플라스크의 구부러진 목 부분에 고깃국이 끓으며 나온 수증기가 맺혀 물이 고이게 돼요.

만일 자연 발생설이 옳다면 고깃국은 서서히 상하고 구더기도 슬슬 보여야 할 테지만 고깃국은 여전히 신선했어요. 플라스크 바깥에 있는 미생물이 구부러진 관에 갇혀 플라스크로 들어가지 못한 거죠. 자연 발생설은 틀렸던 거예요. 포도주 사건을 계기로 파스퇴르는 미생물에 대해 본격적으로 연구하기 시작했어요.

● 미생물 눈으로는 볼 수 없는 아주 작은 생물.

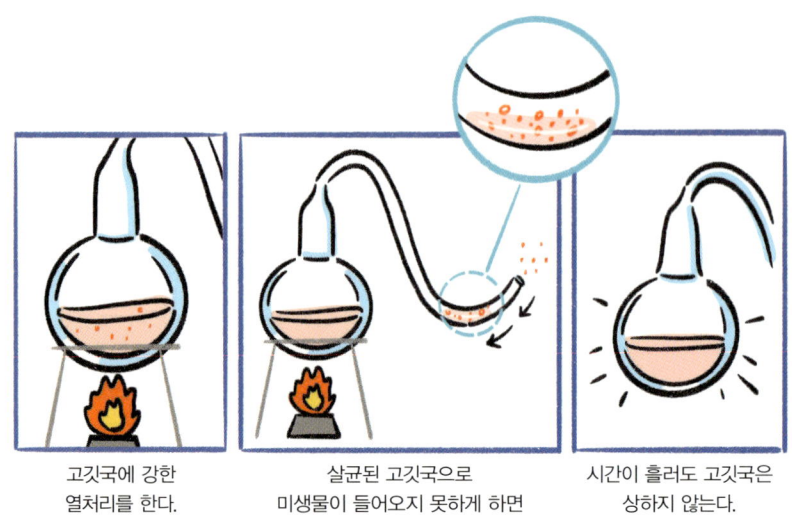

| 고깃국에 강한 열처리를 한다. | 살균된 고깃국으로 미생물이 들어오지 못하게 하면 | 시간이 흘러도 고깃국은 상하지 않는다. |

백조 목 플라스크 실험

"미생물이 음식을 썩게 한다면, 이놈들이 사람도 아프게 하는 것은 아닐까?"

미생물은 사람 눈에 보이지 않는 작은 생물이에요. 우리말로 세균이라고 부르는 박테리아, 바이러스, 균류(곰팡이) 등이 있어요. 사실 대부분의 미생물은 사람에게 해롭지 않아요. 오히려 이로움을 주는 미생물도 많답니다. 균류의 일종인 효모균은 우리에게 된장, 치즈, 빵, 술 같은 발효 음식을 선물해요. 또 사람의 대장에 사는 유산균은 소화를 돕고 장을 튼튼하게 만들어 줘요. 하지만 일부 못된 미생물은 인간의 몸에 들어와 질병을 일으켜요. 이런 미생물을 병원체라고 불러요. 병의 원인이 되는 생명체라는 뜻이에요. 병원체가 원인이 되는 병을 감염병이라고 불러요. 지구상에 존재하는 병원체는 약 1,400종이 넘는다고 해요.

미생물이 병을 일으킬 수도 있다는 주장은 의학의 발달에 도움을 주는 매우 뛰어난 생각이었어요. 파스퇴르의 미생물 연구로 수천 년간 인류를 질병으로 괴롭혔던 존재가 밝혀졌어요. 눈에 보이지 않아서 사람들은 의

심조차 하지 못했던 미생물과의 전쟁이 시작된 거예요. 파스퇴르는 동물과 사람에게 치명적인 탄저균과 닭 콜레라를 예방하는 백신 접종법 그리고 광견병 접종법을 잇따라 발견했어요. 프랑스인들은 파스퇴르를 세균학의 아버지라고 부르며 존경했고 그의 업적을 기려 파스퇴르 연구소를 세워 줬어요. 1895년 9월 28일, 파스퇴르는 73세의 나이로 숨을 거뒀어요. 비록 의사는 아니었지만, 파스퇴르는 그 어떤 의사보다 많은 생명을 구한 세균학자였어요. 만일 파스퇴르가 6년만 더 살았다면 1회 노벨 생리·의학상 수상자는 파스퇴르였을 거예요. 노벨상은 생존자에게만 상을 주거든요.

모험심 강한 시골 의사 코흐

프랑스에 파스퇴르가 있다면 독일에는 로베르트 코흐가 있었어요. 파스퇴르보다 스물한 살 어린 코흐는 1843년 독일 탄광촌에서 광산 기사의 아

▲ 로베르트 코흐 (출처: 위키미디어커먼스)

들로 태어났어요. 코흐는 스무 살에 의대에 입학해 의사로서의 꿈을 착실히 키워 갔어요. 코흐는 모험을 좋아했어요. 1870년 독일과 프랑스 사이에 전쟁이 일어나자, 그 위험한 전쟁터에 군의관을 지원해 들어가 병사들을 보살폈어요. 가만히 병원에서 환자들만 돌보기보다는 새로운 것들을 연구하고 알아 가는 것을 즐겼지요. 그런데 코흐에게는 오랫동안 짝사랑한 에미 프라츠라는 여인이 있었어요. 코흐가 결혼해 달라고 하자, 에미는 말했어요.

"당신은 너무 모험을 좋아해요. 나는 그런 불안한 삶을 살고 싶지 않아요. 약속해요. 나와 결혼하면 병원을 운영하며 조용히 살겠다고."

두 사람은 결혼에 골인했고 코흐는 약속대로 시골에 작은 병원을 열었어요. 겉으로는 평화로워 보였지만, 타고난 호기심을 억눌러야 했던 코흐에게는 무료한 하루하루일 뿐이었어요. 그런 남편이 안쓰럽고 괜히 미안했던 에미는 코흐의 생일에 현미경을 사 줬어요. 코흐는 어린이처럼 기뻐했어요. 그때 에미는 알지 못했어요. 그 작은 현미경이 훗날 의학 역사와 두 사람의 운명마저 바꿔 놓는다는 것을.

코흐가 현미경을 선물받은 무렵 농장 동물들 사이에서 탄저병이 유행하고 있어서 많은 동물과 사람들이 죽었어요. 코흐는 병원을 운영하면서 탄저병 연구를 시작했어요. 마침내 코흐는 동물을 죽게 하는 탄저균을 어떻게 하면 완전히 없앨 수 있는지 알아냈어요. 탄저균이 나타난 농장은 몇 년

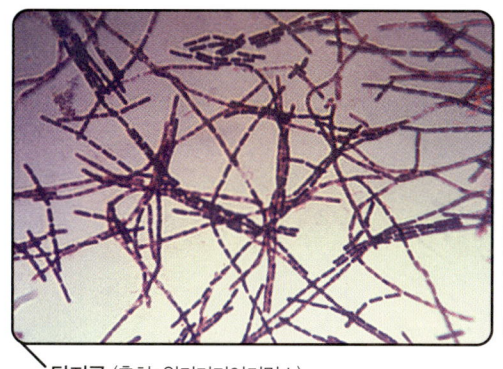
탄저균 (출처: 위키미디어커먼스)

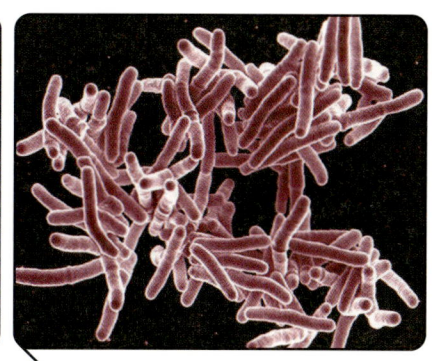
결핵균 (출처: 위키미디어커먼스)

을 빈 채로 버려두어도 소용이 없었어요. 다시 동물을 키우기 시작하면 또 다시 탄저병이 발생하고 말았으니까요. 코흐는 적정한 온도와 습도가 유지되는 한 탄저균은 수년간 살아남을 수 있다는 것을 밝혀냈어요. 탄저균이 다시 나타나지 않게 하기 위해서는 탄저균에 걸린 동물의 사체를 땅에 묻고 끝낼 것이 아니라, 완전히 태워야 한다는 사실도 알아냈어요. 이 연구 때문에 코흐는 밥 먹고 잠잘 때만 빼고 현미경에서 눈을 떼지 않았어요. 자연스럽게 병원 운영에는 신경을 쓰지 않게 되었지요.

 1882년 3월 24일, 코흐는 또 한 번 세상을 깜짝 놀라게 했어요. 결핵균을 발견한 거예요. 결핵은 폐에 염증을 일으키는 질병으로 한국에서는 주로 폐병이라 불렸어요. 음악가나 화가, 시인들이 곧잘 걸려 예술가의 병이라고도 했지요. 감염이 되면 처음에는 기침을 하다 이내 피를 토하고 몸무게가 줄면서 사망해요. 19세기 유럽인 7명 중 1명이 이 병으로 사망했을 정도로 결핵은 무서운 병이었어요. 하지만 원인을 알 수 없어 마땅한 치료법도 없었어요. 사람들은 그저 끼니를 제때 챙겨 먹지 못해 허약해져 생긴 병이라 생각했어요. 공기 좋은 곳에 가 쉬면서 음식을 잘 먹는 게 유일한 치료법이었어요. 코흐의 결핵균 발견으로 사람들은 결핵의 원인이 영양실

조가 아닌 결핵균 때문이라는 것을 알게 되었어요.

 하지만 코흐는 이 정도로 만족할 사람이 아니었어요. 1883년, 인도 풍토병(지역 병)인 콜레라가 유럽에 전파되어 많은 사람이 사망하자 코흐는 직접 인도로 달려가 콜레라균을 발견했어요. 탄저균, 결핵균, 콜레라균 연구를 연이어 성공하며 이름을 알린 코흐는 세계 최고의 세균학자로 우뚝 섰어요. 독일 정부는 코흐를 베를린 감염병 연구소 소장으로 채용했어요. 이제 아무 걱정 없이 마음껏 연구를 할 수 있게 된 거예요.

 코흐의 다음 목표는 결핵균 치료제였어요. 코흐는 자신 있었어요. 결핵균도 발견한 내가 치료제를 못 만들쏘냐? 사람들도 코흐라면 반드시 성공할 거라 믿어 의심치 않았어요. 1890년, 코흐는 결핵 치료제 투베르쿨린(Tuberkulin) 개발에 성공했다고 발표했어요. 하지만 투베르쿨린은 성공하지 못했어요. 결핵 환자에게 약을 써 봤지만 도무지 듣지 않았어요.

기대가 크면 실망도 큰 법일까요? 어제까지 코흐를 추켜세우던 사람들은 태도를 싹 바꿔 코흐를 헐뜯기 시작했어요. 그들은 코흐의 사생활까지 트집을 잡았어요. 그즈음, 코흐는 에미와 이혼하고 무려 자기 딸보다 어린 여배우와 결혼을 한 상태였어요. 코흐가 한창 승승장구할 때는 누구도 문제 삼지 않았지만, 투베르쿨린이 실패하자 사람들은 코흐의 재혼을 물고 늘어졌어요.

"그 착한 아내를 버리고 젊은 여자와 눈이 맞았단 말야? 코흐 이 사람, 정말 문제가 많네!"

하필이면 그때 1회 노벨상 발표가 있었어요. 명성으로 보나, 그동안 이룬 업적으로 보나, 코흐는 경쟁자가 없는 수상 후보 영순위였어요. 하지만 때가 좋지 않았어요. 코흐의 명성이 끝없이 추락하던 시기였어요. 여론을 무시할 수 없었는지 그해 노벨상은 코흐가 아닌 에밀 폰 베링이 받았어요. 공교롭게도 베링은 코흐의 제자였어요.

디프테리아균을 물리치는 항체를 찾아서

에밀 폰 베링은 1854년, 지금은 폴란드 땅이지만 당시에는 독일 땅이었던 한스도르프에서 태어났어요. 베링 형제는 축구팀보다 한 사람 더 많은 12명이었어요. 평범한 교사였던 아버지 월급으로는 이 많은 자식들을 다 공부시킬

에밀 폰 베링 (출처: 위키미디어커먼스)

수 없었어요. 의사가 꿈이었던 베링은 군의 학교에 들어갔어요. 졸업 후 군대에서 의사로서 오랜 시간 일해야 한다는 조건이 붙었지만, 학비가 공짜여서 베링에게는 나쁜 조건이 아니었어요.

  1888년, 베링이 34세가 되던 해 황금 같은 기회가 주어졌어요. 성실하고 영리한 베링을 눈여겨본 독일 군부가 베를린대학교의 코흐 교수 연구실에서 일할 수 있게 해 주었어요. 베링은 기뻤어요. 연구소 책임자는 베링이 가장 존경하는 인물이자, 당대 최고의 세균학자인 코흐였기 때문이에요.

  베링에게 주어진 첫 과제는 디프테리아의 치료법을 찾아내는 것이었어요. 디프테리아는 디프테리아균이 원인인 전염병이에요. 처음에 나타나는 증상은 목감기와 비슷해서 목이 붓고 열이 나는 정도지만, 이내 심장 근육에 염증이 생기는 심근염이 나타나고 신경까지 마비되어 사망에도 이를 수 있는 무서운 병이에요. 특히 면역력이 약한 어린이들이 많이 걸렸어요. 베링이 연구소에 들어올 무렵인 19세기 말, 유럽은 디프테리아가 유행해 약 5만 명 이상의 아이들이 사망했어요. 햇병아리 연구원 베링에게는 만만치 않은 과제였어요.

  치료법을 찾기 위해서는 먼저 그 증상을 잘 관찰해야 해요. 베링은 토끼에게 디프테리아균을 주사했어요. 예상대로 주사를 맞은 토끼들은 빌빌거렸어요. 끝내 죽은 토끼들도 있었지만, 어찌어찌 살아남은 토끼들도 있었어요. "얘네들 봐라?" 베링은 살아남은 토끼들에게 다시 디프테리아균을 주사했어요. 처음에는 운 좋게 살아남았지만 2번의 주사 공격에는 버티지 못하겠지 싶었어요. 그런데 토끼들은 태연하게 우리 안을 폴짝폴짝 뛰어 다녔어요. 여름날 아이스크림 녹듯 디프테리아균이 토끼 몸속에서 사라진 것처럼 보였어요. 그러자 베링은 중요한 사실을 깨달았어요.

"그렇구나. 토끼 몸에 디프테리아균의 면역이 생긴 거구나!"

감기를 앓았다 나은 사람은 당분간은 감기에 걸리지 않아요. 우리는 이것을 '면역이 생겼다.'라고 말해요. 감기 바이러스가 몸에 들어오면 인체는 바이러스를 적으로 여기고, 이를 물리치는 특수 물질을 만들어요. 이 물질이 바로 항체예요. 다만 항체가 완성되기까지는 시간이 필요하고, 그때까지 우리 몸은 바이러스 공격을 막을 수 없어요. 그래서 목이 붓고 기침과 열이 나는 거예요. 항체가 완성되면 인체는 반격을 시작해요. 항체의 공격에 바이러스는 픽픽 쓰러져요. 열은 내리고, 기침도 멎어요. 바이러스와의 전쟁에서 승리하면 우리 몸은 침투한 바이러스 정보를 기억 세포에 저장해요. 다음번에 같은 녀석이 또 쳐들어오는 순간 즉시 항체를 만들어 공격하는 '방공 시스템'을 만들기 위해서예요.

문제는 인체가 세균, 바이러스 등등의 모든 병원체에 맞서는 항체를 만들지 못한다는 점이에요. 만일 그게 가능했다면 인류가 천연두나 콜레라, 코로나바이러스와 같은 전염병으로 사망하는 일은 없었을 거예요. 그렇다면 방법은 하나, 인체가 만들지 못하는 항체를 인공적으로 제조해 우리 몸에 공급하는 것이에요.

베링은 생각했어요. 첫 주사를 맞았을 때 몇몇 토끼가 멀쩡했던 까닭은 몸속에 디프테리아균과 맞서 싸우는 항체가 생겼기 때문이라고요. 그래서 2번째 주사를 놓았을 때는 디프테리아균이 아예 힘도 못 쓴 거라고요.

"그렇다면, 토끼 몸에 생긴 항체를 디프테리아균에 감염된 사람에게 주사하면 그 항체가 디프테리아균을 치료해 주지 않을까?"

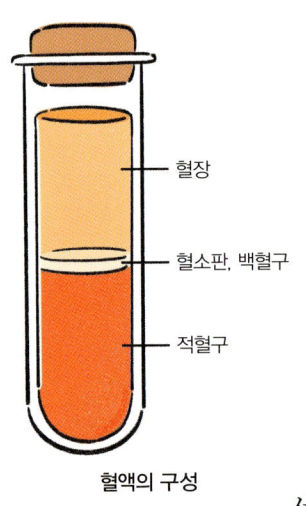

혈액의 구성

단서를 잡았다는 생각에 베링의 가슴은 두근거렸어요. 베링은 토끼의 피에 항체가 들어 있을 거라 생각했어요. 하지만 아직 짐작일 뿐이어서 좀 더 연구가 필요했어요. 베링은 토끼의 몸에서 피를 뽑아 유리컵에 담았어요. 피는 시간이 지나면 2개의 층으로 분리돼요. 질량이 무거운 백혈구, 적혈구, 혈소판은 앙금처럼 가라앉고, 그 위로 노란색 액체인 혈장이 뜬답니다. 이 혈장에서 피를 굳히는 성분을 없앤 것을 혈청이라고 해요. 항체는 이 혈청 속에 들어 있었어요.

1890년 베링은 혈청으로 디프테리아를 치료하는 혈청 요법에 관한 논문을 발표했어요. 제약 회사들은 서둘러 혈청 치료제를 만들어 병원에 배포

했어요. 디프테리아를 앓던 아이들은 혈청을 맞고 건강을 회복했어요. 그 공로로 베링은 역사적인 1회 노벨 생리·의학상 수상자가 되었어요.

한편 코흐는 1905년, 결핵균을 발견한 공로로 노벨 생리·의학상을 받았어요. 코흐의 결핵균 발견이 베링의 혈청 요법보다 8년이나 빨랐는데도, 노벨상이 4년 뒤에 주어진 것은 노벨 위원회가 뒤늦게 코흐를 챙겨 줬기 때문이에요. 좀 늦어지긴 했지만 코흐로서도 그런대로 명예 회복을 한 셈이에요.

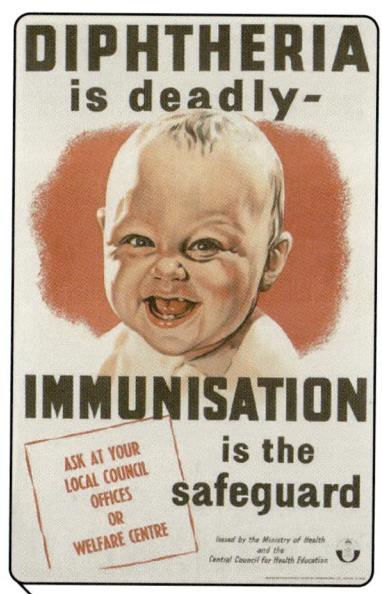

디프테리아 면역 접종을 홍보하는 포스터 (출처: 위키미디어커먼스)

부록
백신은 어떻게 병을 예방할까?

에드워드 제너
(출처: 위키미디어커먼스)

18세기 말, 영국 의사 에드워드 제너는 천연두를 연구하고 있었어요. 제너는 소를 기르는 목동과 우유를 짜는 마을 여자들이 이상하게 천연두에 걸리지 않는다는 걸 눈치챘어요. 또한 그들이 소의 천연두라 불리는 우두에 걸렸다 나았다는 사실도 알아냈지요.

"우두를 앓은 사람 몸에는 천연두를 이기는 저항력이 있는 것일까?"

제너는 우두 환자 몸에서 고름을 얻어 여덟 살 소년에게 접종했어요. 제너의 판단은 정확했어요. 소년은 천연두에 걸리지 않았어요.

우두는 천연두와 사촌쯤 되는 바이러스 질병이에요. 우두 바이러스가 소년의 몸

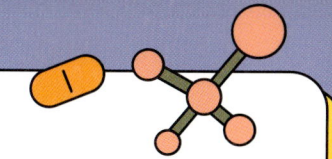

에 들어가자 면역 세포는 이를 침입자로 판단하고 물리쳤어요. 그리고 면역 세포에는 우두 바이러스의 데이터가 저장된 거죠. 나중에 진짜 천연두 바이러스가 들어 왔을 때 소년의 면역 세포는 '전에 왔던 그때 그놈이군.' 하고 적극적으로 싸워 물리쳐요. 이것이 바로 백신의 원리예요. '백신(vaccine)'은 소를 뜻하는 라틴어 '바카(vacca)'에서 따온 말이에요.

오늘날 백신도 이 원리로 만들어져요. 독감 예방 주사액에는 독감 바이러스가 들어 있어요. 물론 팔팔한 바이러스 그대로 주사하면 몸에 해로우니까 죽은 독감 바이러스나 독성이 약한 바이러스를 사용해요. 그런 다음 우리 몸이 이 녀석들과 실컷 싸우도록 유도하지요. 그래야 제대로 된 면역 세포가 만들어지기 때문이에요. 예방 주사를 맞고 나면 한동안 열이 나고 몸이 쑤시는 이유가 이것 때문이에요.

문제는 변종이에요. 유전 물질에는 DNA와 RNA 두 가지가 있어요. 사람을 포함한 지구에 사는 대부분의 생명체는 유전 물질로 DNA를 가져요. DNA는 두 가닥이 단단히 붙어 있는 이중 나선 구조여서 돌연변이가 잘 일어나지 않아요. 천연두는 DNA 바이러스예요. 그래서 한 번의 백신 접종으로 면역이 평생 가능해요.

반면 RNA 바이러스는 한 가닥뿐인 불안정한 구조여서 돌연변이가 밥 먹듯 일어나요. 변종 바이러스는 수시로 모습을 바꾸기 때문에 전에 맞은 백신이 통하지 않아요. 면역 세포에 입력된 데이터와 일치하지 않기 때문이에요.

코로나도 변종이 심한 RNA 바이러스예요. 기존의 백신으로는 예방이 어려워요. 최근에는 변형된 바이러스를 사용하는 바이러스 벡터 백신 등이 만들어졌어요. 세계에서 내로라하는 제약 회사들은 새로운 질병에 대비하여 지금도 다양한 백신을 개발하고 있어요.

3장

당뇨병 치료의 시작, 인슐린

1922년 캐나다 토론토대학교 병원 병실에는 급성 당뇨로 입원한 어린이들이 누워 있었어요. 아이들은 모두 혼수상태였어요. 아무리 부르고 깨워도 정신을 차리지 못한 채 누워만 있었어요. 부모들은 슬픈 얼굴로 자식들을 지켜보고 있었어요.

그때 병실 문이 열리고 흰 가운을 입은 사람들이 들어왔어요. 그들은 말없이 흩어져 아이들 몸에 주사를 놓기 시작했어요. 마지막 아이의 몸에 주사가 꽂혔을 때, 첫 번째로 주사를 맞은 아이가 눈을 떴어요. 거짓말처럼 다른 아이들도 차례차례 의식을 회복했어요. 의학 역사에서 가장 믿기 힘든 순간 중 하나였지요. 아이들을 살린 주사액 이름은 바로 인슐린이었어요.

당뇨, 죽음의 사중주

당뇨를 풀이하면 단맛이 나는 오줌이라고 해요. 한의학에서는 사라질 소(消)에 목마를 갈(渴) 자를 써서 소갈병이라 부르는데 당뇨 환자는 오줌을 자주 누고 수시로 목이 마르다고 해서 그런 이름이 붙었어요.

당뇨의 역사는 아주 길어요. 3,500여 년 전 고대 이집트 파피루스●에는 당뇨 증상으로 갈증, 자주 소변을 봄, 체중 감소라고 기록되어 있어요. 역사학자들은 세종 대왕께서도 당뇨로 고생하다 돌아가셨을 거라 추측해요.

초기에는 목이 자꾸 마르고 오줌이 마렵고 기운이 없는 정도지만 당뇨의 진정한 무서움은 다른 병으로 발전하는 합병증이에요. 콩팥이 망가지고, 두 눈이 보이지 않고, 팔다리를 잘라 내야 해요. 돌이킬 수 없는 지경까

●**파피루스** 이집트에서 파피루스 풀 줄기의 섬유로 만든 종이.

물을 많이 마신다.

음식을 많이 먹는다.

소변을 자주 본다.

체중이 줄어든다.

지 이르면 사망해요.

현재 지구상에는 4억 명이 넘는 당뇨 환자가 있고 그들 중 매년 400만 명이 사망해요. 그래서 당뇨를 고혈압, 비만, 고지혈증(피에 기름이 잔뜩 끼는 증상)과 더불어 죽음의 사중주라 불러요.

당뇨는 어떤 병일까?

피곤하고 힘이 없을 때, 콜라나 아이스크림을 먹으면 순간 기운이 솟아요. 단맛 성분이 지친 몸에 에너지를 공급하기 때문이에요. 이 달콤한 물질이 바로 포도당이에요. 포도에 유난히 이 물질이 많아 그런 이름이 붙었답니다.

"포도당, 나는 허벅지 근육이야. 축구를 했더니 너무 피곤해. 빨리 와 줘!"

"포도당, 나는 뇌세포야. 공부한다고 머리를 썼더니 기운이 없어. 빨리 와 줘!"

우리 몸은 수시로 포도당이 필요해요. 얼른 포도당을 보내 줘야 하는데 포도당 자체는 다리나 날개가 없어요. 빨리 움직이는 뭔가에 실어 보내야 해요. 그건 바로 피예요. 피는 KTX와 맞먹는 시속 200킬로미터로 달릴 수 있고, 혈관은 우리 몸 곳곳에 거미줄처럼 뻗어 있어요. 혈관이 고속 도로, 피가 트럭이라면, 포도당은 택배인 셈이에요.

이 혈액 속에 든 포도당의 농도를 혈당이라고 해요. 영어로 '블러드 슈가(Blood Sugar)'라고 해요. 우리말로 풀이하면 '핏속에 든 설탕'쯤 되겠네요. 혈당 수치는 식사를 마친 후에는 올라가고, 아무것도 먹지 않은 상태가 길어지면 내려가요. 정상인 혈당은 일정한 범위에서 움직여요. 너무 낮아도, 너무 높아도 안 돼요. 혈당이 낮다는 건 혈액 속에 에너지를 공급하는 포도당이 적다는 뜻이에요. 저혈당이라고도 부르지요. 에너지가 공급되지 않으니 피곤하고 어지러워져요. 저혈당이 심하면 기절하거나 쇼크로 사망할 수도 있어요. 그래서 저혈당 환자들은 언제든 혈당을 채울 수 있도록 주머니에 사탕이나 초콜릿을 넣고 다녀야 해요.

그런데 혈당이 높은 건 왜 문제가 될까요? 에너지원인 포도당이 풍부한 건 좋은 거 아닐까요? 핏속에 포도당이 너무 많으면 피는 끈적끈적해져요. 아이스크림 묻은 손이 끈적끈적한 것처럼 말이에요. 끈적끈적한 피는 혈관을 좁게 만들거나 망가뜨려요. 혈관이 망가지면 혈액은 우리 몸 구석구석을 잘 다닐 수 없게 돼요. 이건 정말 큰일이에요. 혈액은 우리 몸에 필요한 산소와 영양소 등을 운반해 주는 역할을 하니까요. 눈으로 연결되는 작은동맥이 파괴되면 시력을 잃고, 콩팥으로 이어지는 혈관에 노폐물이 쌓이면 몸 안의 독소를 걸러 내는 콩팥 기능이 멈추고, 심장으로 연결되는 혈관이 파괴되면 심장병이 발생하고, 뇌로 이어지는 혈관이 막히거나 터지면 뇌졸중에 걸려요.

혈당이 높다고 판단되면 췌장은 자동으로 인슐린이라는 호르몬을 분비해요. 인슐린은 혈액 안에 들어 있는 포도당을 세포로 보내고, 남은 포도당을 글리코겐 형태로 바꾸어 간 속에 저장해 두어요. 그럼 피는 다시 맑아지고 혈당 수치도 정상으로 돌아온답니다.

문제는 인슐린이 제대로 나오지 않는 사람이 있다는 사실이에요. 날 때부터 그렇거나 췌장에 이상이 생기면 인슐린이 분비되지 않는 경우가 있어요.

혈당을 낮춰 주는 인슐린이 없으니 혈당 수치가 올라가면 우리 몸은 다

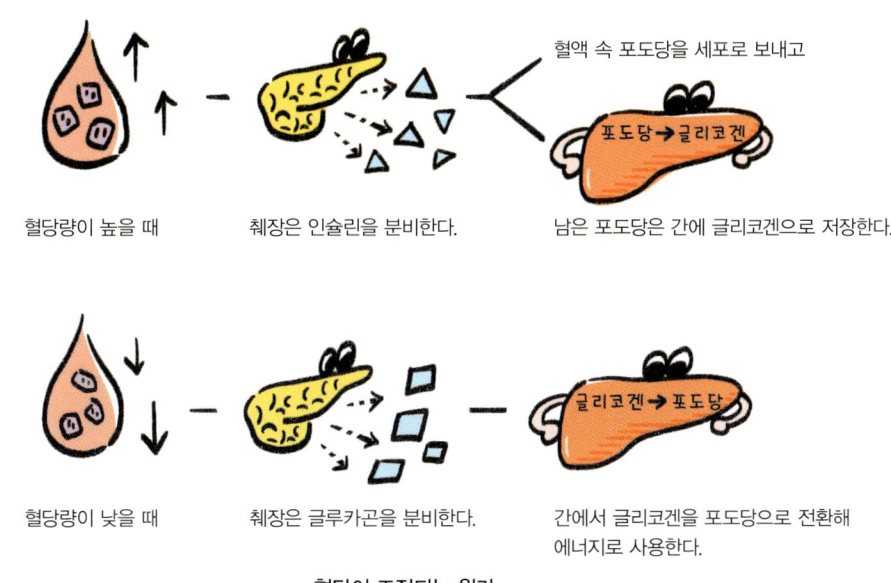

혈당이 조절되는 원리

른 방법으로 포도당을 배출해요. 바로 소변이에요. 오줌으로 포도당을 흘려 내보내는 거예요. 그래서 당뇨 환자는 오줌을 자주 누고 오줌에서 단맛이 나요.

하지만 오줌을 자주 누면 수분이 부족해져 사람은 갈증을 느껴요. 또 소중한 에너지원인 포도당이 소변으로 빠져나가면서 피로와 허기를 느껴요. 그래서 허겁지겁 먹게 되고, 먹으면 혈당이 올라가고, 혈당이 올라가면 소변을 자주 누고…… 무한 반복이에요.

이 악순환의 고리를 끊는 유일한 해결책은 인슐린을 다른 곳에서 구해 당뇨 환자 몸에 넣어 주는 거예요. 하지만 옛날 의사들은 사람 몸 어느 곳에서 인슐린이 나오는지 알지 못했어요.

인슐린을 찾아라!

1869년 독일 병리학자 랑게르한스는 췌장을 연구하다 섬처럼 여기저기 흩어진 세포들을 발견했어요. 랑게르한스가 발견했고 섬처럼 생겼다 해서

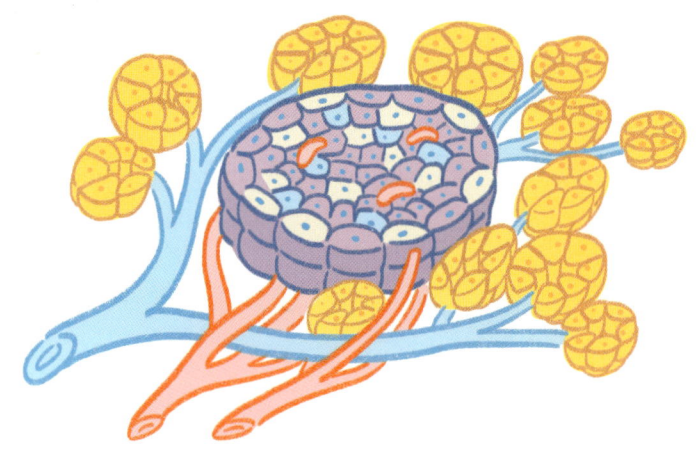

섬처럼 흩어진 랑게르한스섬 세포

이 세포를 랑게르한스섬이라고 불렀어요. 당시에는 이 세포가 어떤 일을 하는지 아무도 알지 못했어요.

그 후로도 췌장에 관한 연구가 계속되었어요. 1889년 독일 의사 민코프스키와 메링은 개를 상대로 잔인한 실험을 했어요. 두 사람은 개의 몸에서 췌장을 떼어 냈어요. 췌장은 위장과 십이지장 사이에 혓바닥처럼 튀어나온 소화 기관인데 췌장을 제거하면 어떤 일이 벌어지는지 궁금했거든요.

어느 날, 메링은 그 개가 싼 오줌에 파리 떼가 윙윙 꼬이는 걸 보았어요. 이를 이상하게 생각한 민코프스키가 오줌 맛을 봤더니 달았어요. 파리는 단맛을 좋아하는 벌레예요. 췌장을 제거하자 개는 당뇨에 걸렸던 거예요.

"그렇구나. 당뇨는 췌장과 관련이 있구나!"

하지만 췌장이 당뇨와 어떤 연관이 있는지는 10년이 지난 후에야 밝혀졌어요. 1910년 영국 생리학자 에드워드 샤피셰이퍼는 랑게르한스섬에서 혈당을 낮추는 호르몬이 분비된다는 걸 알아냈어요. 샤피셰이퍼는 이 물질

에 인슐린(insulin)이라는 이름을 붙였어요. 인슐린은 섬을 뜻하는 인슐라(insula)와 물질을 뜻하는 인(in)의 합성어예요. 과학자들은 생각했어요. 췌장에서 혈당을 낮추는 호르몬이 분비된다면, 췌장에서 직접 받으면 되지 않을까? 하고요. 쫄쫄 흐르는 약수터에 물통을 받치듯, 과학자들은 개와 송아지 췌장으로부터 분비되는 물질을 담았어요. 당뇨 환자에게도 투여했지만 어찌 된 일인지 효과가 없었어요.

알고 보니, 췌장은 인슐린만 분비하는 게 아니었어요. 혈당을 높이는 글루카곤이라는 호르몬도 동시에 분비해요. 그래야 저혈당을 막을 수 있거든요. 즉 췌장은 혈당을 조절하는 곳이지, 혈당을 낮추는 기관이 아니었던 거예요.

설상가상으로 췌장은 단백질을 분해하는 트립신이라는 효소도 분비해요. 트립신은 단백질 분해 효소인데 인슐린은 단백질계 호르몬이에요. 이런 물질들이 뒤죽박죽 섞여 있으니 효과가 없을 수밖에요. 췌장에서 나오는 여러 물질 중에서 인슐린만 분리해 내는 게 중요했어요. 과학자들은 이 과제를 해결하기 위해 노력했어요.

한가한 캐나다 의사 밴팅의 운명이 뒤바뀌다

프레더릭 밴팅은 1891년 캐나다 농부의 아들로 태어났어요. 대학교에서 의학을 전공한 밴팅은 1차 세계 대전이 일어나자 군의관으로 참전했어요. 야전 병원에서 부상당한 군사들을 성심성의껏 치료한 공로로 훈장까지 받았어요.

전쟁이 끝난 후 밴팅은 캐나다로 돌아와 병원을 열었어요. 하지만 환자가 가뭄에 콩 나듯 찾아와 병원은 파리만 날렸어요. 할 일도 없고, 돈도 없지만, 시간은 많았던 밴팅은 시간 강사 자리를 얻어 대학교에서 학생들을 가르쳤어요. 이것이 밴팅의 운명을 뒤바꿔 놓았어요.

"내일 강의 준비나 할까?"

1920년 10월 30일, 잠자리에 들기 전 의학 서적을 뒤적이던 밴팅은 췌장과 관련된 논문 하나를 읽었어요. 췌장에서 트립신이 분비되는 관을 묶었더니 트립신을 분비하는 췌장 세포는 파괴되었는데 인슐린을 분비하는 랑게르한스섬은 멀쩡했다는 내용이었어요.

오호라. 밴팅은 눈을 반짝였어요. 이를 활용해 췌장에서 트립신이 나오는 길목만 차단한다면 인슐린을 추출할 수 있을 듯했어요. "당장 실험을 해야 해!" 하고 밴팅의 눈이 반짝였어요. 하지만 시간 강사에 가난한 의사인 밴팅은 값비싼 실험 도구나 실험실을 마련할 형편이 되지 않았어요. 밴팅은 당뇨병 최고 권위자인 토론토대학교 매클라우드 교수에게 도움을 청했어요. 매클라우드는 시큰둥했어요. 밴팅이 하는 소리는 황당한 이야기

찰스 베스트와 프레더릭 밴팅 (출처: 위키미디어커먼스)

처럼 들렸어요. 그래도 밴팅이 계속 조르자, 매클라우드는 마지못해 실험용 개 열 마리와 실험실을 내주고 자신의 제자 찰스 베스트를 실험 조수로 붙여 줬어요. 그리고 자신은 고향 스코틀랜드로 즐거운 여름휴가를 떠났어요.

밴팅과 베스트는 그해 여름 내내 실험실에 틀어박혀 있었어요. 건강한 개의 배를 갈라 트립신이 나오는 관을 묶은 후 추출물을 받아 당뇨에 걸린 개에게 넣었어요. 결과는 신통치 않았어요. 매클라우드가 내준 개 열 마리로는 부족해 더 많은 개를 사 왔어요. 마침내 1921년 7월, 당뇨에 걸려 빌빌대던 92번째 개가 건강을 회복하고 컹컹 짖으며 꼬리를 흔들었어요. 밴팅과 베스트는 만세를 불렀어요.

한편 휴가에서 돌아온 매클라우드는 깜짝 놀랐어요. 설마 밴팅이 성공할 거라고는 예상하지 못했거든요. 매클라우드는 태도를 바꿔 연구에 적극적으로 뛰어들었어요. 매클라우드는 개를 낫게 한 물질이 11년 전 샤피셰이퍼가 이름 붙인 인슐린이라는 걸 알아냈어요.

당신은 상을 받을 자격이 없어!

1923년 밴팅과 매클라우드는 인슐린을 추출해 많은 당뇨병 환자를 살린 공로를 인정받아 노벨 생리·의학상을 함께 받았어요. 당시 밴팅의 나이는 서른두 살, 지금도 깨지지 않는 역대 최연소 노벨 생리·의학상 수상자예요. 또 연구를 시작한 지 2년 만에 노벨상을 받아 노벨 생리·의학상 최단기간 수상자로 노벨상 기네스북에 2번 이름을 올렸어요. 하지만 밴팅은 매클라우드를 공동 수상자로 인정하지 않았어요.

"실험실만 빌려주고 휴가를 떠난 그자가 무슨 자격이 있나? 나와 고생한 베스트가 수상자가 되어야 한다!"

기분이 상한 밴팅은 시상식에 참석하지 않았어요. 매클라우드도 화가 나 시상식에 가지 않았어요. 밴팅은 매클라우드가 다 된 밥에 숟가락만 얹었다고 생각했지만, 매클라우드도 할 말은 있었어요.

"밴팅을 처음 만났을 때 그는 이름도 없는 의사에, 당뇨 지식도 없었어. 내가 도와주지 않았으면 밴팅은 인슐린을 얻지 못했을 거라고!"

비록 나중에 함께하기는 했지만, 매클라우드가 연구 팀 책임자로 적지 않은 역할을 한 것도 사실이에요. 밴팅은 받은 상금의 절반을 떼서 베스트에게 줬어요. 밴팅이 인정하는 공동 수상자는 베스트뿐이었어요.

비록 수상 자격을 두고 얼굴을 붉히기는 했지만 두 사람은 의학자의 품위와 명예는 잃지 않았어요. 밴팅과 매클라우드는 인슐린 특허를 신청하지 않은 거예요. 그들은 인슐린 제조 특허권을 영국 의학연구협회에 넘겼어요. 덕분에 당뇨 환자들은 보다 나아진 환경에서 저렴한 가격에 치료받을 수 있었어요.

부록
질투와 시샘의 노벨상

로베르트 바라니
(출처: 위키미디어커먼스)

밴팅처럼 시상식에 가지 않은 사람이 1명 또 있어요. 바로 1914년 노벨 생리·의학상 수상자 로베르트 바라니예요. 밴팅은 스스로 가지 않은 것이고, 바라니는 가지 못했다는 게 다른 점이에요. 수상자가 발표되었을 무렵 바라니는 러시아 포로수용소에 있었어요.

한국인 25명 중 1명 이상이 어지럼증을 겪고 있어요. 주변 사물이 흔들려 보이고, 땅과 하늘이 빙빙 돌아 똑바로 걷기 힘들어하는 증상이 나타나요. 어지럼증 원인은 100여 가지가 넘지만 80퍼센트는 귀의 문제예요. 우리는 귀를 소리를 듣게 해 주는 부위로 알고 있지만 사실 귀에는 중요한 역할이 하나 더 있어요. 몸의 균형을 잡아 주는 평형 기능이에요. 이 기능을 담당하는 곳이 전정 기관이에요. 전정 기관은 귓속 가장 깊은 곳에 있는데, 반고리관과 전정으로 이루어져 있어요.

반고리관은 이름처럼 둥근 문고리를 반으로 자른 모양이에요. 모두 셋이어서 세반고리관이라고도 불러요. 반고리관 덕분에 인간은 자신이 있는 공간에 대해 느낄 수 있어요. 전정은 반고리관과 달팽이 껍질 모양의 달팽이관을 연결하는 통로인데 내부에는 연한 노란색 액체인 림프액이 고여 있어요. 몸을 숙일 때, 고개를 돌려 뒤를

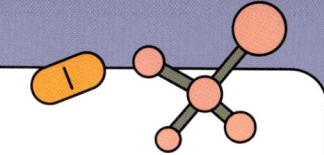

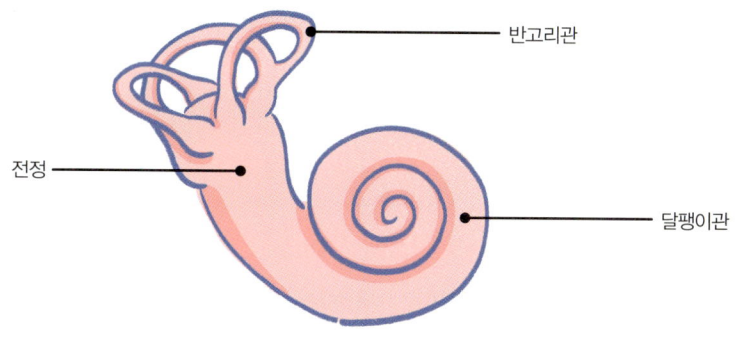

전정 기관 구조

볼 때, 림프액도 덩달아 출렁여요. 그것이 감각 세포를 자극해 우리는 몸이 얼마나 기울었는지 어느 방향으로 움직였는지 느끼게 해 주지요. 이 전정에 문제가 생길 때 우리는 균형 감각을 잃고 어지러움을 느껴요.

예전에는 어지럼증 원인이 귀 때문이라는 것을 알지 못했어요. 전정 기관은 겉으로 볼 수 없으니까요. 이를 해결한 사람이 바로 바라니예요. 바라니는 1876년 오스트리아에서 헝가리 출신 토지 관리인의 아들로 태어났어요. 의과 대학교를 졸업하고 오스트리아 수도 빈에서 이비인후과 의사로 일했어요. 당시 귀를 진찰하기 전에는 주사기를 이용해 귀 안으로 물을 뿌려 씻어 내는 준비 과정을 거쳐야 했어요. 바라니는 이를 준비하다가 특이한 점을 발견해요. 바라니가 환자 귀에 주사로 물을 뿌리는데 환자가 어지럽다고 말하는 거예요. 바라니는 주사액이 차가워서 그런지도 모른다고 생각하고 따뜻한 주사액으로 바꾸었어요.

그 순간, 바라니는 환자의 눈동자가 바르르 떨리는 걸 보았어요. 찬물일 때 눈동자 떨림과 더운물일 때 눈동자 떨림은 반대 방향이었어요. 바라니는 이때 중요한 사실

을 깨달았어요.

"눈이구나! 귀에 문제가 있어 어지러울 때 사람은 눈동자가 떨리는 거였어!"

귀에 물이 들어가면 전정에 고여 있는 림프액은 물의 온도에 민감하게 반응해요. 차가우면 가라앉고 따뜻하면 위로 올라가요. 림프액이 움직이면 눈동자도 움직이게 돼요. 바라니는 이러한 원리를 이용해 찬물과 따뜻한 물을 귓속에 넣어 전정을 자극하는 온도 안진 검사를 만들어 1907년 학회에 보고했어요.

하지만 얼마 후 1차 세계 대전이 일어났어요. 바라니는 오스트리아군 소속 군의관으로 참전했다가 1915년 러시아군에 포로로 잡혀 중앙아시아에 있는 포로수용소로 끌려갔어요. 바라니는 병사들을 치료하며 바쁜 시간을 보냈어요. 자신이 1914년 노벨 생리·의학상 수상자가 되었다는 사실조차 몰랐어요. 바라니의 딱한 사정을 들은 스웨덴 왕자가 러시아 정부를 설득해 간신히 풀려날 수 있었어요. 그 뒤 1916년 바라니는 뒤늦게 노벨 생리·의학상을 받았어요.

하지만 바라니가 오스트리아에 돌아왔을 때 그를 기다린 건 시샘 섞인 싸늘한 시선이었어요. 바라니의 국적은 오스트리아지만 헝가리에서 온 사람이에요. 게다가 바라니의 종교가 유럽 기독교인들이 싫어하는 유대교라는 것도 문제가 되었어요. 질투로 몸이 달아오른 오스트리아 과학자들은 바라니가 다른 사람의 연구를 베꼈을 거라며 비아냥댔어요. 심지어 오스트리아대학교는 바라니를 교수로 채용하는 것을 거부하기도 했어요. 바라니는 울분을 삼키며 오스트리아를 떠나 스웨덴으로 갔어요. 한 신문은 당시 사건을 이렇게 보도했어요.

"오스트리아에서는 노벨상 못 타는 의사도 용케 교수가 되는데, 어째서 노벨상을 탄 의사가 교수가 되는 일이 그렇게도 어려운가?"

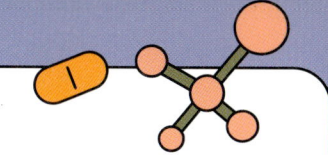

1936년 바라니가 사망한 뒤, 오스트리아인들은 바라니에게 푸대접한 일을 후회했어요. 바라니의 이름을 딴 거리와 상이 차례로 만들어지고 바라니 학회도 세워졌어요. 현재 바라니는 오스트리아인이 가장 존경하는 의사 중 1명으로 꼽히고 있어요.

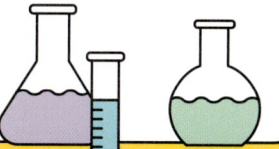

4장

문제는 음식이었어. 비타민 이야기

즐거운 식사 시간이에요. 그런데 어딘가 좀 이상해요. 식탁에 앉은 선원들 표정이 전혀 즐거워 보이지 않아요. 커다란 무쇠 냄비에는 걸쭉한 국물 요리가 담겨 있어요. 딱딱한 빵과 소금에 절인 고기를 물과 함께 푹 끓인 괴상한 요리예요.

보기 좋은 떡이 맛도 좋다는데, 생김새도 냄새도 엉망이에요. 보는 것만으로도 입맛이 뚝 떨어질 지경이에요. 맛도 끔찍했죠. 약 300년 전, 먼 바다를 항해하는 유럽 선박에서 흔히 볼 수 있는 풍경이었어요. 며칠째 누워 있던 톰이 비틀비틀 일어났어요.

"톰, 어디 가?"

"가… 갑판, 바… 바람을 좀 쐬고 싶어."

몇 달 전 항구를 출발했을 때는 팔팔했던 톰인데, 지금은 걷는 것도 힘겨워 보였어요. 앞니가 몽땅 빠진 톰의 잇몸에서는 피가 줄줄 흘렀어요. 숨을 쉴 때는 고약한 냄새가 났지요. 이 배에는 톰과 비슷한 증상으로 골골대는 선원이 100명도 넘어요. 출항 뒤 지금까지 약 29명이 죽었어요. 선실에 있는 의사도 무슨 병인지 모른다고 했어요. 속수무책이었어요.

힘겹게 선실 계단을 올라가던 톰이 중심을 잃고 굴러떨어졌어요. 다른 선원이 얼른 달려가 부축했지만, 톰의 숨은 벌써 끊어져 있었어요.

30번째 사망자가 나온 거예요.

신선한 과일과 채소를 먹이자!

15세기 말, 이탈리아 탐험가 콜럼버스는 아메리카 대륙을 발견했어요. 비슷한 시기, 포르투갈의 바스쿠 다 가마는 아프리카 남단을 뼁 돌아 인도로 가는 새로운 바닷길을 발견해 개척했어요. 유럽 전역은 부글부글 끓어올랐어요. 콜럼버스처럼 새로운 땅을 발견하면 그야말로 복권 당첨이었어요. 쉽게 구할 수 없어 부르는 게 값인 아시아의 향신료도 무역로를 뚫으면 충분히 받을 수 있었어요. 떼돈을 벌 수 있는 기회가 생긴 거죠. 그래서 너도나도 배를 띄워 먼 바다로 나갔어요. 이 시기를 대항해 시대라고 불러요.

대항해 시대 유럽 선박은 엔진이 달린 동력선이 아니라 바람으로 움직이는 범선이에요. 해적 영화에 등장하는 흰 돛 달린 그 배 말이에요. 범선은 속도가 느려 한번 출항*하면 선원들은 오랫동안 땅을 밟지 못했어요. 긴 항해에는 음식을 상하지 않도록 관리하는 게 중요했어요. 냉장고가 아직

●**출항** 선박이나 항공기가 출발함.

쉽 비스킷 (출처: 위키미디어커먼스)

없던 시절이어서 빵에는 곰팡이가 슬고 고기는 금세 상했어요. 그래서 빵은 미생물이 생기지 않도록 물기를 바짝 빼서 비스킷처럼 만들었어요. 선원들은 이 빵을 쉽 비스킷(Ship Biscuit)이라 불렀어요. 고기는 소금물에 푹 절여 염장육으로 만들었어요. 신선한 채소나 과일은 상하기 쉬워서 배에 많이 실을 수 없었어요.

쉽 비스킷은 벽돌처럼 딱딱해 웬만해서는 이빨조차 들어가지 않았어요. 선상에서 싸움이 날 때 선원들은 이 비스킷을 가지고 싸울 정도였어요. 고

기는 너무 짜서 맨정신으로 먹기 힘들었어요. 선원들은 비스킷과 고기를 섞어 죽처럼 끓여 먹었어요.

얼마 후, 선원들은 시름시름 앓기 시작했어요. 입에서 악취가 풍기고 잇몸에서 피가 줄줄 흐르고 무기력증을 호소하다 숨을 거뒀어요. 괴혈병이라는 병이었지요. 대항해 시대가 시작된 15세기부터 19세기까지 선원들을 가장 많이 죽인 것은 폭풍우도 해적의 총알도 아닌 괴혈병이었어요.

1740년 세계 일주를 떠난 영국 배에서 괴혈병이 생겨 선원 961명 중 626명이 사망했어요. 이 배에 탑승한 리처드 워커는 당시 참상을 기록으로 남겼어요.

'르 메르 해협을 지날 무렵, 대부분 선원이 괴혈병에 걸렸다. 4월 한 달 동안 43명이 목숨을 잃었다. 5월이 되자 사망자는 2배 가까이 늘었다. 6월에는 사망자가 200명이 넘었다. 인원이 부족해 우리는 앞 돛대 당번으로 6명만 배치할 수밖에 없었다.'

괴혈병은 비타민 C가 부족할 때 생기는 병이에요. 신선한 채소와 과일을 먹이면 간단히 나을 수 있지만, 당시에는 그 사실을 몰랐어요.

사실 괴혈병의 치료법은 콜럼버스가 항해하던 시기에 이미 밝혀졌었어요. 신대륙을 탐사하던 콜럼버스는 괴혈병으로 죽어 가는 선원들을 어떤 섬에 버리고 갔어요. 그 일이 마음에 걸려 몇 달 후 그 섬에 들렀더니 선원들이 살아 있었어요. 선원들은 살기 위해 나무 열매와 풀뿌리를 뜯어 먹었는데 그게 괴혈병을 낫게 했던 거예요.

그 후 250여 년이 지난 1747년, 영국 해군 함대 군의관이던 제임스 린드는 해군들에게 어떤 영양분이 부족해 괴혈병이 나타난다는 사실을 알아냈어요. 린드는 괴혈병에 걸린 해군 병사들에게 각각 다른 음식을 먹이는 실

제임스 린드 (출처: 위키미디어커먼스)

험을 하며 어떤 음식이 괴혈병 증상을 줄이는지 관찰했어요. 그리고 결론을 내렸죠.

'채소와 과일에 괴혈병을 낫게 하는 물질이 들어 있다!'

린드는 해군 당국에 이 사실을 알리고 병사에게 레몬즙을 먹여야 한다고 말했어요. 영국 해군은 근거 없는 소리라며 거절했어요. 린드가 사망한 후, 영국 의사 길버트 블레인은 린드의 말을 참고하여 해군 병사에게 라임 주스를 먹였어요. 그 결과 함대에 있던 괴혈병 환자들의 상태가 많이 좋아졌어요. 영국 해군은 뒤늦게 식단에 양배추와 레몬주스를 추가했고 괴혈병 환자 숫자는 많이 줄었어요.

각기병과 현미밥

1602년 네덜란드는 향료가 생산되는 인도네시아를 식민지●로 삼았어요. 19세기가 되자 인도네시아에서 정체불명의 병이 유행했어요. 사람들은 팔다리가 퉁퉁 붓고, 다리에 힘이 빠져 잘 걷지 못했어요. 각기병이에요. 각기병은 비타민 B1이 부족하면 걸리는 병이에요.

1886년 네덜란드 정부는 병이 퍼진 원인을 알아보기 위해 의사들을 인도네시아에 파견했어요. 그중에는 스물여덟 살의 젊은 의사 크리스티안 에

●**식민지** 정치적·경제적으로 다른 나라에 지배되어 국가로서의 주권을 잃은 나라.

크리스티안 에이크만
(출처: 위키미디어커먼스)

이크만도 있었어요.

에이크만은 한때 독일 세균학자 코흐의 연구실에서 일한 적이 있었어요. 코흐는 세상 모든 병은 세균 때문에 발생한다는 세균 병인설을 주장한 사람이에요. 그래서 코흐 연구실 출신인 에이크만도 각기병 원인을 세균이라고 단정했어요. 게다가 집단으로 환자가 발생했으니 결핵이나 콜레라 같은 전염병이 틀림없다고 확신했어요.

세균이라면 현미경으로 보여야 할 텐데, 각기병 환자 몸에서는 의심쩍은 세균이 없었어요. 그렇게 4년이라는 시간이 소득 없이 훌쩍 흘렀어요.

어느 날, 에이크만은 닭장 앞을 지나다 비틀비틀 걷는 닭 몇 마리를 보았어요. 걷는 모양새가 어쩐지 각기병 환자와 비슷했어요. 에이크만은 그때는 그런가 보다 하고 지나쳤어요. 1896년 어느 날, 여느 때와 같이 닭들의 상태를 보려고 닭장을 연 에이크만은 깜짝 놀랐어요. 병든 닭들이 꼬꼬댁거리며 활기차게 뛰어다니고 있었어요. 며칠 전까지만 해도 비틀거리던 닭들이 팔팔해지다니, 에이크만은 어찌 된 일인지 조사를 해 봤어요.

"글쎄요. 잘 모르겠는데요? 그러고 보니, 최근에 닭장 관리자가 바뀌었네요."

"관리자?… 그럼 뭐 달라진 게 있나요?"

"전에 있던 관리자는 흰쌀을 모이로 줬는데, 이번에 온 관리자가 현미로 바꿨어요."

　아시아는 약 1만 년 전부터 벼농사를 지어 왔어요. 인도네시아인들은 추수한 쌀을 절구에 콩콩 찧어 겉껍질만 벗긴 현미로 밥을 해 먹었어요. 현미에는 질기고 딱딱한 속껍질이 붙어 있어 먹기가 불편해요. 대신 속껍질에는 비타민 B1이 풍부하게 들어 있어요.

　1870년대에 네덜란드인은 쌀의 속껍질까지 벗겨 내는 도정 기계를 인도네시아로 가져왔어요. 도정 기계로 속껍질까지 벗겨 새하얀 백미를 먹었어요. 밥맛이 부드럽고 달콤해 다들 백미만 찾았고 그 결과 비타민 B1이 부족해져서 각기병이 생겼던 거예요.

　비타민 B1은 현미 외에도 돼지고기, 소고기, 귀리에 많이 들어 있어요. 서양은 전통적으로 축산업이 발달해 고기를 많이 먹었고 귀리를 죽으로 쑨 오트밀도 즐겨 먹었어요. 식문화의 차이로 서양에서는 각기병 환자가 드물었어요.

이제 남은 건 닭들에게 나타난 변화가 사람에게도 나타나는지 알아보는 것이었어요. 에이크만은 교도소에 협조를 구해 죄수들을 두 그룹으로 나눴어요. 한쪽 그룹에는 백미만, 다른 그룹에는 현미만 주었어요.

아니나 다를까, 백미만 먹은 그룹에서 각기병이 무더기로 발생했어요. 에이크만은 어떤 성분인지는 잘 모르겠지만 하여튼 현미 속에 각기병을 치료하는 특정 성분이 있다는 내용의 보고서를 제출했어요.

1906년, 영국 생화학자 프레더릭 홉킨스는 우리가 먹는 음식에는 생명을 유지하는 데 꼭 필요한 물질이 들어 있다는 사실을, 1911년 폴란드 생화학자 캐시미어 풍크는 각기병을 예방하는 물질이 질소 화합물이라는 걸 알아냈어요. 풍크는 이 물질의 이름으로 생명을 뜻하는 라틴어 비타(Vita)에 질소 화합물을 뜻하는 아민(amine)을 붙여 비타민(Vitamine)이라고 지었어요. 나중에 아민이 없는 비타민이 발견되자 애써 지은 이름의 의미가 무색해졌어요. 과학자들은 새로 이름을 짓는 대신 아민(amine)의 마지막 알파벳 'e'를 슬쩍 떼어 비타민(Vitamin)으로 고쳤어요.

홉킨스와 에이크만은 각각 비타민을 발견하고 각기병으로부터 많은 생명을 구한 공로를 인정받아 1929년 노벨 생리·의학상을 공동 수상했어요.

부록
비타민, 제대로 알고 먹자!

비타민은 우리 몸을 지키는 수호천사이고, 문제가 있을 때 달려와 고치는 수리공이자 의사이며, 우리 몸을 구성하고 설계하는 솜씨 좋은 건축가예요.

미생물인 균류와 세균, 그리고 식물은 내부에서 필요한 비타민을 뚝딱뚝딱 만들어 써요. 말하자면 스스로 비타민을 만들고 쓰는 일이 가능한 거예요.

대부분의 동물들도 자체적으로 비타민 C를 만들어요. 하지만 인간과 침팬지, 오랑우탄과 같은 영장류만은 비타민 C를 만들 수 없어요. 13종류의 비타민 중에서 인간의 몸에서 스스로 만들어지는 비타민은 단 하나, 햇빛을 쬐면 몸속에서 만들어지는 비타민 D뿐이에요. 그나마도 날이 흐려서 햇빛을 충분히 쬘 수 없을 때는 비타민 D가 부족해져 뼈가 물렁물렁해지는 골연화증에 걸릴 수도 있어요. 그래서 비타민을 챙겨 먹는 게 중요한데, 비타민은 약 형태로 섭취할 수도 있지만 다양한 음식을 통해 보충할 수도 있어요.

비타민은 크게 물에 잘 녹는 수용성 비타민과 기름에 잘 녹는 지용성 비타민으로 나뉘어요. 비타민 B와 C가 수용성이고, 비타민 A, D, E, K가 지용성이에요. 이런 알파벳 명칭은 1913년 미국 화학자 엘머 매콜럼이 비타민A를 발견하면서 처음 붙여졌어요. 이후 과학자들은 지용성 비타민을 A로, 수용성 비타민을 B로 정하고 새로운 비타민이 발견될 때마다 알파벳순으로 이름을 붙였어요.

수용성 비타민은 물에 잘 녹기 때문에 혈액에 흡수되어 몸 곳곳으로 이동해요. 비타민은 필수 영양소지만 우리 몸이 필요로 하는 양은 매우 적어요. 쓰고 남은 수용성

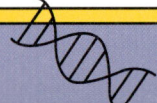

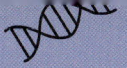
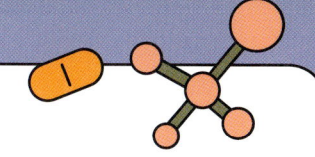

비타민은 오줌에 섞여서 나와요. 그래서 수용성 비타민은 많이 먹어도 탈이 없어요. 대신 그만큼 매일 먹어 줘야 하는 게 좀 번거로울 뿐이에요.

지용성 비타민은 신중하게 먹을 필요가 있어요. 지용성 비타민은 물에 녹지 않아서 소변으로도 나오지 않고 몸에 차곡차곡 쌓여요. 인체는 지용성 비타민을 간과 지방 세포에 저장했다가 필요할 때 조금씩 꺼내 써요. 식량 창고처럼 말이에요. 하지만 창고 저장 공간에는 한계가 있어요. 지용성 비타민이 계속 쌓이면 부작용이 나타나요. 비타민 A를 많이 먹으면 얼굴이 노래지는 황달 현상과 두통 및 구토가, 비타민 D를 많이 먹으면 신장 결석이, 비타민 E를 많이 먹으면 다쳤을 때 피가 잘 안 굳는 현상이, 비타민 K를 많이 먹으면 빈혈이 나타나요. 지나친 것은 모자라는 것만 못한 법이에요.

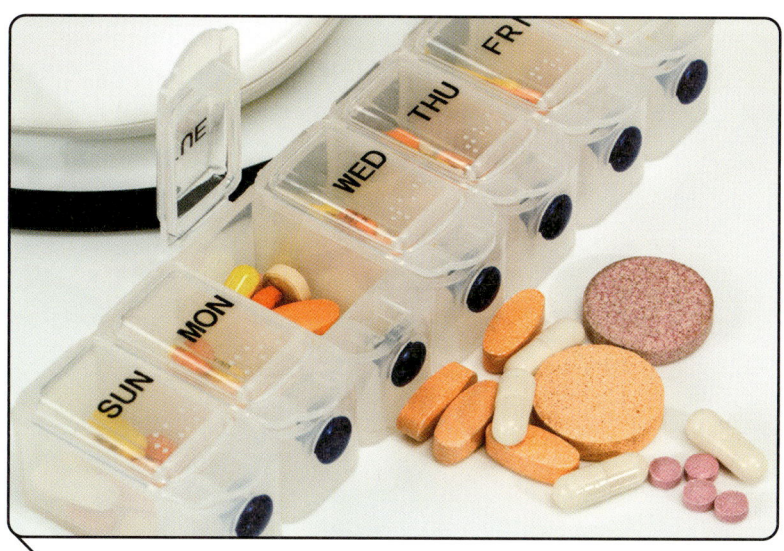

다양한 비타민 영양제 (출처: 위키미디어커먼스)

5장

세균으로부터 살아남기, 인류의 선물 항생제

1942년, 연쇄상 구균˙에 감염된 미국인 앤 밀러는 병실에서 죽음을 기다리고 있었어요. 그녀의 주치의는 마지막 방법으로 뉴저지의 제약 회사가 개발 중인 약을 써 보기로 했어요. 약의 효과와 안전성이 검증되지 않은 약을 환자에게 쓰는 건 위험한 시도지만 달리 방법이 없었어요.

3월 14일, 의식을 잃은 밀러의 몸 안으로 티스푼 분량의 액체가 주사되었어요. 그러자 42도까지 올랐던 밀러의 체온은 빠르게 떨어졌고 그녀는 정신을 차렸어요. 퇴원한 밀러는 57년을 더 살다 90세에 눈을 감았어요.

밀러의 목숨을 구한 액체의 이름은 페니실린(penicillin)이었어요.

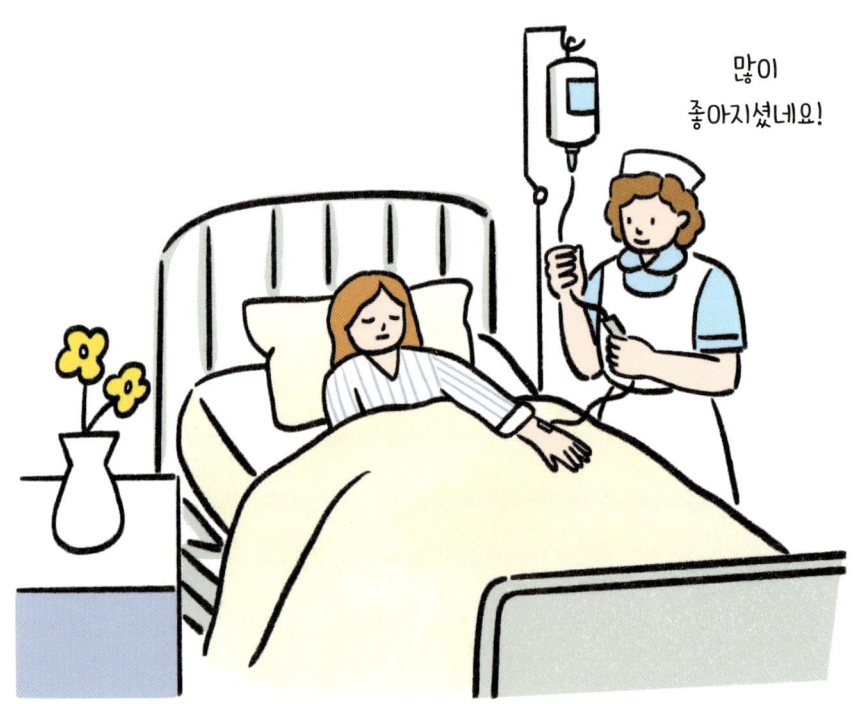

●**연쇄상 구균** 고열과 목의 통증, 패혈증, 골수염, 관절염을 일으키는 세균.

무서운 종기

TV 사극에 종기로 고생하는 왕들이 심심찮게 등장해요. 후백제를 건국한 견훤과 조선을 건국한 이성계는 등에 종기가 생겨 똑바로 눕지 못했어요. 종기가 생기는 원인은 다양하지만 대부분 황색 포도상 구균 때문이에요. 이 세균이 피부에 침투해 염증을 일으키고 상처가 난 자리에 고름이 잡혀 퉁퉁 부어오르는 거예요.

오늘날 종기는 제대로 된 병 취급도 받지 못해요. 소독약과 연고를 잘 바르고 밴드를 야무지게 붙여 두면 한 사나흘 후엔 깨끗이 치료가 돼요. 그래도 낫지 않으면 병원에서 고름을 빼내 줘요. 간단한 수술이라 입원할 필요조차 없어요.

그러나 불과 100년 전까지만 해도 종기는 많은 목숨을 앗아 간 무서운 병이었어요. 27명의 조선 국왕 중 12명이 종기를 앓고 그중 5명이 사망했

다는 이야기가 전해져요. 조선 정부는 종기만 전문적으로 연구하고 치료하는 치종청을 설치하고 종기 치료에 대한 의학 서적도 펴냈지만 신통치 않았어요.

'긁어 부스럼'이라는 속담이 있어요. 하지 않아도 될 일을 괜히 건드려 일만 키운다는 뜻인데, 부스럼이 종기예요. 예부터 한반도에는 정월 대보름에 호두, 밤, 잣을 먹는 풍습이 있어요. 이런 견과류를 부럼이라고 하는데, 부스럼에서 유래한 말이에요. 우리 선조들은 이날 부럼을 먹어 두면 그해에 부스럼이 생기지 않는다고 믿었어요. 바꿔 말하면, 이런 미신을 믿을 정도로 변변한 종기 치료제가 없었다는 뜻이기도 해요.

종기의 공포로부터 인류가 해방된 건 20세기 중반, 페니실린이 등장하면서부터예요. 페니실린은 종기 외에도 다양한 세균성 감염병을 치료해 많은 목숨을 구했어요. 우리는 이 약을 항생제라고 불러요.

마법의 탄환 항생제

우리 몸에 병을 일으키는 미생물을 꼼짝 못 하게 하는 약을 '항생제'라고 해요. 세균이라는 미생물을 또 다른 미생물로 막는 약이에요. 지금은 의미가 확장되어 인공적으로 합성된 약품도 항생제로 보고 있어요.

세균은 인류가 나타나기 전부터 살았던 지구의 터줏대감이에요. 그 숫자는 지구상의 모든 동식물을 합한 것보다 많아요. 녀석들은 모든 곳에 존재해요. 공기와 흙, 바다, 강, 스마트폰 액정, 책, 변기 등등에 있을 뿐만 아니라 우리 몸속에도 100조 개가 넘는 세균이 돌아다녀요. 단지 보이지 않을 뿐이에요.

세균이라고 하면 우리 몸을 아프게 한다고 생각해요. 하지만 모든 세균이 다 그런 건 아니에요. 세균의 99퍼센트는 사람에게 피해를 주지 않고 조용히 살아가지만, 나머지 1퍼센트가 문제예요. 사람의 몸에 병을 일으키기 때문에 반드시 치료가 필요해요.

초기에 항생제를 만드는 과정에서 가장 어려웠던 점은 사람도 생물이고 세균도 생물이라는 점이었다고 해요. 세균을 없애려고 독성이 강한 물질을 약으로 만들면 그 약을 먹는 사람도 덩달아 피해를 보았어요. 농약이 해충을 죽이지만 사람에게도 위험하듯이 말이에요.

대표적인 사례가 매독*이에요. 매독에 걸리면 신체 곳곳이 부어오르다 터져 누런 진물이 줄줄 흐르고, 코가 떨어지고, 정신 착란까지 겪어요. 중세의 의사들은 중금속 수은으로 매독균을 치료했어요. 수은의 독성은 매독균을 죽이는 데 충분했지만, 환자는 지독한 수은 중독 후유증으로 고생해야 했어요.

20세기 초, 독일 과학자 파울 에를리히는 매독균 치료제 연구에 매달렸어요. 사람에게는 해가 없고 매독균만 골라 죽이는 약을 개발하기 위해 많은 노력을 기울였지요. 에를리히는 독일 화학자 알베르트 베르트하임, 일본 세균학자 사하치로 하타 등 뛰어난 과학자들로 연구진을 꾸렸어요. 1909년 그들은 606번의 실험 끝에 화합물 살바르산 제조에 성공했어요. 살바르산이

▲ 파울 에를리히 (출처: 위키미디어커먼스)

● 매독 세균에 의해 생기는 염증성 질환으로, 주로 성 접촉으로 전파되는 성병.

보급되고 5년 후 유럽에서 매독은 거의 사라지다시피 했어요. 이때만 해도 살바르산은 사람을 구하는 완벽한 항생제처럼 보였어요.

하지만 살바르산을 복용한 38명이 사망하는 사건이 알려지면서 살바르산의 안전성에 물음표가 붙었어요. 살바르산은 비소 화합물이에요. 비소는 조선 시대 사약에 쓰일 만큼 독성이 강해요. 비소의 독성이 완벽하게 제거되지 않았던 거예요.

"인간은 건드리지 않고 세균만 공격하는 그런 물질은 없을까? 그럼 완벽한 항생제를 만들 텐데."

과학자들은 이 가상의 물질을 마법의 탄환(Magic Bullet)이라고 불렀어요. 우리 편은 샥샥! 피해 가고 적군만 골라 죽이는 그런 총알. 뜻밖에도 그 물질은 우리 가까운 곳에 있었어요.

게으른 의사, 알렉산더 플레밍

알렉산더 플레밍은 1881년 스코틀랜드에서 소작농*의 8남매 중 일곱째로 태어났어요. 플레밍이 일곱 살이 되던 해 아버지가 돌아가시자, 플레밍은 런던의 안과 의사인 형의 도움을 받아 공예 학교에 진학했어요. 졸업 후에는 선박 회사에 취직해 평범한 직장인의 삶을 살았어요. 20세가 되던 해, 플레밍은 뜻밖에도 큰아버지의 유산을 물려받았어요. 플레밍은 이 돈을 학비 삼아 영국 세인트 메리 의과대학교에 들어갔어요.

1914년, 33세의 플레밍은 1차 세계 대전에 군의관으로 입대했어요. 그가 배치된 야전 병원은 지옥 그 자체였어요. 매일 부상병들이 파도처럼 밀려

●**소작농** 일정한 돈을 내며 다른 사람의 농지를 빌려 짓는 농사. 또는 그런 농민.

들었어요. 총과 폭탄에 다친 환자들의 상처로 세균이 마구 침투했어요. 군의관들은 부상병에게 방부제 연고와 소독약을 발라 줬지만, 그것은 새로운 세균의 침입을 막아 줄 뿐, 이미 침투한 세균은 치료하지 못했어요. 부상병은 패혈증*과 가스 괴저병*으로 사망했어요. 1차 세계 대전 동안 전투로 죽은 군인보다 세균 감염으로 죽은 군인이 훨씬 많았어요. 그 참담한 현장에서 플레밍은 굳게 결심했어요.

알렉산더 플레밍 (출처: 위키미디어커먼스)

"세균 감염을 치료하는 약을 개발하고 말 테다!"

전쟁이 끝난 후 플레밍은 항생제 개발을 시작했어요. 당시 플레밍은 포도상 구균이라는 세균에 확 꽂혀 있었어요. 포도송이처럼 생긴 이 세균은 종류도 많고, 인간 피부에 찰싹 달라붙어 호시탐탐 침입할 기회를 엿보는 거머리 같은 녀석이었어요.

지피지기면 백전백승이라 했어요. 적을 이기려면 적을 알아야 해요. 플레밍은 포도상 구균을 번식시켰어요. 실험 접시에 포도상 구균을 넣고 녀

●**패혈증** 혈액이 세균에 감염된 증상.
●**가스 괴저병** 가스 괴저균이 상처로 들어와 몸의 조직을 파괴하는 질병.

석들이 좋아하는 영양원을 공급해 주었어요. 포도상 구균은 신이 나서 배를 불린 다음 세포 분열*을 하며 수를 늘려 갔어요. 양어장에서 물고기를 키우듯, 미생물 숫자를 불리는 작업을 배양이라고 해요.

사실 플레밍은 대단히 게으른 의사예요. 놀고 싶을 때는 하늘이 두 쪽 나도 놀아야 해요. 여름이 오자 플레밍은 훌훌 여름휴가를 떠났어요. 배양 접시도 내팽개쳤어요. 플레밍은 게으르기도 하지만 정리 정돈과도 거리가 먼 남자였어요. 1928년, 휴가에서 돌아온 플레밍은 흠칫했어요. 배양 접시에 곰팡이가 꽃처럼 피어 있었어요. 푸르스름한 빛을 띤 곰팡이, 주로 오래된 귤껍질에 피는 푸른곰팡이였어요.

아니, 이게 왜 여기 있지? 플레밍이 현미경으로 배양 접시를 관찰했더니

* **세포 분열** 1개의 모세포가 핵분열과 세포질 분열을 거쳐 2개의 세포로 나누어지는 현상.

맙소사, 애써 배양에 성공한 포도상 구균의 숫자가 확 줄어 있었어요. 포도상 구균의 학살범은 푸른곰팡이였어요. 푸른곰팡이는 세균을 만나면 흥분해서 분비물을 쏟아 내요.

세균 테두리에는 세포벽이라는 단단한 울타리가 있어요. 페니실린 분비물은 세균이 세포벽을 만들지 못하게 해요. 세포벽이 없으면 세균은 세포 분열을 할 수 없고, 세포 분열을 할 수 없으면 번식을 할 수 없어 세포는 결국 사망해요.

그런데 사람의 몸속에 있는 세포에는 세포벽이 없어요. 따라서 페니실린은 사람에게는 해를 입히지 못해요. 드디어 찾았어요. 마법의 탄환을. 플레밍은 이 분비물에 페니실린이라는 이름을 붙였어요. 페니실린은 푸른곰팡이의 학명인 페니실리움 노타툼(Penicillium notatum)에서 따온 말이에요.

플레밍이 페니실린을 발견할 수 있었던 것은 여러 가지 우연이 절묘하게 맞아떨어졌기 때문이에요. 첫째, 플레밍 연구실 아래층에서 곰팡이로 알레르기 백신을 만드는 연구가 진행 중이었어요. 그중 한 무리가 바람을 타고 날아와 배양 접시에 톡 떨어진 거예요. 둘째, 곰팡이는 서늘한 날씨에서 잘 자라는데 때마침 그해 여름은 서늘했어요. 이 모든 행운의 마침표는 덤벙대는 플레밍의 성격이었어요. 만일 플레밍이 꼼꼼한 사람이라서 배양 접시를 서랍에 넣고 휴가를 갔다면 푸른곰팡이는 배양 접시에 내려앉을 수 없었을 테고, 페니실린도 발견할 수 없었을 거예요.

플레밍은 페니실린을 추출해 토끼를 상대로 임상 실험•을 했어요. 결과는 실망스러웠어요. 세균을 죽이기는 했지만, 지속 시간이 고작 30분이었

•**임상 실험** 어떤 병의 증상이나 진행 단계를 알아보고 치료하기 위하여 사람을 대상으로 하거나 사람에 대한 정보를 바탕으로 동물을 통해 이루어지는 실험.

어요. 코에 염증이 난 조수에게도 발라 보고, 다리를 자른 환자에게도 써 봤지만 효과가 없었어요. 페니실린을 효과적이고 안전한 약으로 만들기 위해서는 아직 넘어야 할 장애물이 많았지요.

설파제를 만든 도마크, 뒤늦은 노벨상을 받다

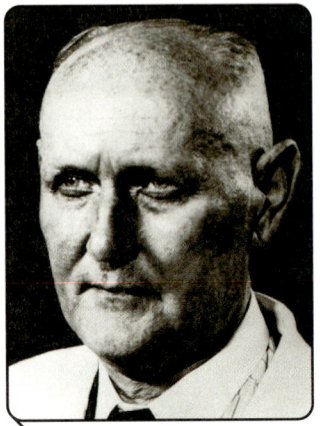
게르하르트 도마크
(출처: 위키미디어커먼스)

잠시 시간을 거슬러 올라가 볼게요. 게르하르트 도마크 이야기가 필요하거든요. 1914년, 플레밍이 영국 군의관으로 참전했던 그 시간, 위생병 게르하르트 도마크는 독일군 부상병을 돌보고 있었어요. 플레밍이 그랬던 것처럼 도마크도 감염병에 걸린 병사들을 구할 수 없는 현실에 많이 절망하고 있었어요. 죽어 가는 병사들을 보며 기필코 항생제를 개발하리라, 하고 도마크는 이를 악물었어요.

도마크는 1927년 화학 기업 연구소 소장이 되어 본격적으로 세균을 연구했어요. 도마크는 천연 물질 대신 모직˙에 색을 물들이는 염료에 주목했어요.

"염료는 왜 모직에 색을 잘 입힐까? 그건 염료가 양털 단백질에 반응하기 때문이지!"

세균도 단백질이에요. 그렇다면 세균에 잘 달라붙는 염료를 만들면 어떻게 될까 하는 생각이 번쩍 떠올랐어요. 이 염료에 세균의 성장을 막는

●모직 양털로 짠 천.

성분이 있다면 항생제로 쓰일 수 있을 거라는 생각이 들었어요. 도마크는 서둘러 항생제를 만들기 시작했어요. 1932년 12월 24일, 도마크는 염료이자 항생제인 프론토질을 개발했어요. 시범 삼아 연쇄상 구균에 감염된 쥐에게 투여했더니 쥐들이 회복되었어요. 하지만 동물에게 안전하다고 해서 사람에게도 그럴 거라는 보장은 아직 없었어요. 사람에게도 실험을 해 봐야 했거든요. 도마크가 그런 생각을 하고 있는데 아내가 소리를 지르며 달려왔어요.

"여보, 우리 힐데가르트가……. 흑흑!"

도마크의 어린 딸 힐데가르트가 바늘에 찔려 세균에 감염된 거예요. 의사는 팔을 절단해야 한다고 말했어요. 도마크는 위험을 무릅쓰고 힐데가르트에게 프론토질을 주사했어요. 팔의 염증은 가라앉았고 딸은 회복했어요. 프론토질이 사람에게 안전한 항생제라는 것이 밝혀졌어요.

이때까지만 해도 도마크는 염료가 세균의 성장을 억제했다고 확신했어요. 하지만 연구 결과 프론토질이 몸속에 들어오면 장내 미생물에 의해 술파닐아미드로 변하고, 이것이 사람 몸에 들어 있는 세균의 성장을 멈추게 하는 거였어요. 그 뒤로 프론토질은 설파제로 불렸어요.

설파제는 심각한 부비동염에 걸린 미국 대통령 루스벨트의 아들 루스벨

프론토질 (출처 : 위키미디어커먼스)

트 주니어의 목숨을 구하면서부터 세계적으로 유명해졌어요. 특히 설파제는 수많은 산모의 목숨을 구했어요. 당시 산모 4명 중 1명은 출산하는 과정에서 세균에 감염되는 산욕열이란 병으로 사망했어요. 설파제가 보급되면서 산욕열로 인한 사망률은 거의 사라지다시피 했어요. 그 외에도 설파제는 성홍열, 수막열, 중이염, 편도염 치료에도 효능을 보였어요. 사람들은 설파제를 기적의 약품이라 불렀어요. 도마크는 1939년 노벨 생리·의학상 수상자로 선정되었어요.

하지만 도마크는 시상식에 참석할 수 없었어요. 그 무렵 독일은 히틀러가 이끄는 나치당이 언론을 검열*하고 국민을 억압하고 있었어요. 노벨상 위원회가 나치 독재에 저항했던 독일 언론인 카를 폰 오시에츠키에게 평화상을 수여한다고 발표하자 나치와 히틀러는 속이 뒤틀리고 말았어요. 급기야 모든 독일인에 대한 노벨상을 금지하겠다고 선언했어요. 독일의 비밀경찰 게슈타포는 시상식에 가던 도마크를 체포하고 감금한 뒤 노벨상을 거부하겠다는 문서에 사인하라고 위협했어요. 1945년 독일은 2차 세계 대전에서 패하고 나치의 지도자 히틀러도 자살로 생을 마감했어요. 결국 도마크는 1947년이 되어서야 노벨상을 받았어요.

부활한 페니실린, 세상의 빛이 되다

다시 페니실린 이야기로 돌아갈게요. 때는 1939년, 플레밍이 페니실린을 발견한지도 10년이 훌쩍 흘렀어요. 페니실린은 사람들의 기억 속에서 서서히 잊혀졌어요. 설파제라는 훌륭한 항생제가 개발되면서 플레밍도 연구에

---

* **검열** 언론, 출판, 보도, 연극, 영화, 우편물 따위의 내용을 심사하여 그 발표를 통제하는 일.

▲ 하워드 플로리와 언스트 체인 (출처: 위키미디어커먼스)

서 손을 떼어 버렸어요.

하워드 플로리와 언스트 체인은 영국 옥스퍼드대학교에서 만났어요. 호주인 플로리는 1935년 옥스퍼드대학교의 병리학* 교수로 임명되었어요. 독일인 체인은 생화학* 담당 교수였어요. 두 사람은 누구도 거들떠보지 않던 페니실린 연구에 관심을 가졌어요. 그들은 플레밍이 실패한 원인을 알아냈어요. 한마디로, 플레밍은 너무 엉성했어요.

"전부 대충대충이야. 실험 방식도 비과학적이고, 이러니 될 리가 있나?"

덤벙댔던 플레밍과 달리 두 사람은 치밀하게 연구를 했어요.

1940년 두 사람은 추출한 페니실린을 세균에 감염된 쥐에게 실험했어요. 결과는 대성공이었어요. 하지만 이제 한고비를 넘겼을 뿐이었어요. 가장 큰 문제는 턱없이 부족한 페니실린 양이었어요. 푸른곰팡이 100리터에서 얻는 페니실린은 고작 1그램이었어요. 패혈증 환자 1명을 살리려면 최소 5그

● **병리학** 병의 원인과 발생 과정, 그리고 병에 걸린 조직의 형태 변화를 연구하는 학문.
● **생화학** 생물체의 구성 물질과 생물체 안에서 벌어지는 화학 반응 등을 연구하는 학문.

램 이상의 페니실린이 필요했어요. 이래서는 아무리 효과가 뛰어나도 돈이 너무 많이 들어 약으로 만들기는 어려워요. 더 많은 페니실린을 얻으려면 푸른곰팡이를 아주 많이 배양할 수 있는 공장급 규모의 공간이 필요했어요. 알맞은 장소를 찾던 플로리와 체인은 미국에서 비어 있는 양조장을 발견했어요.

미국은 20세기 초 술 제조와 판매를 금지하는 금주법을 시행했어요. 술을 팔 수 없자 많은 양조장이 문을 닫았어요. 양조장에는 술을 발효시키는 대형 용기들과 푸른곰팡이가 좋아하는 찌꺼기가 풍부했어요. 이보다 완벽한 곳은 없었어요. 플로리와 체인은 비어 있는 양조장을 싸게 사서 페니실린 배양 공간으로 고치고 푸른곰팡이 배양에 들어갔어요. 페니실린 생산량은 4,000배로 늘어났어요. 페니실린을 많은 사람들에게 공급할 수 있게 된 거예요.

페니실린이 그 무시무시한 존재감을 알린 것은 2차 세계 대전 때였어요. 페니실린은 감염병에 걸려 죽어 가는 수많은 군인의 목숨을 구했어요. 1944년부터는 일반 국민들에게도 보급되어 전염병 환자의 목숨을 구했어요. 페니실린이 가져온 변화는 이뿐만이 아니에요. 페니실린이 발명된 후 여러 과학자들은 페니실린 같은 항생 물질을 찾으려 노력했어요. 그 결과 수많은 생명을 구할 항생제들이 잇따라 만들어졌어요. 대표적인 항생제로 지금까지도 세계 각국의 결핵 환자에게 도움을 주고 있는 스트렙토마이신을 뽑을 수 있어요.

페니실린의 발명은 의학 혁명이라 부를 만해요. 1950년대까지 50세였던 인류의 평균 수명은 페니실린이 보급된 후 80세로 늘어났어요. 19세기에 미생물이 발견된 후로 많은 과학자들은 세균이 질병을 일으킨다는 사실을 알아냈어요. 하지만 질병에 대항할 방법은 찾지 못했어요. 페니실린의 등장으로 세균을 직접적으로 죽이는 게 가능해진 거예요. 그것도 인간은 헤치지 않고 세균만 때려잡을 수 있었어요. 이전까지 인류가 치료할 수 없었던 폐렴, 성홍열, 임질, 파상풍 등의 감염 질환을 정복할 수 있게 된 거예요.

페니실린의 항균 효과는 설파제보다 무려 20배나 높았어요. 최초로 페니실린을 발견한 플레밍, 페니실린을 약품으로 공급하는 데 성공한 플로리와 체인, 이 세 사람은 1945년 노벨 생리·의학상을 함께 받았어요.

부록
우리나라 국민 고약

일제 강점기였던 1930년대 후반, 일본 육군 대좌 사사키는 목에 종기가 나서 한 의원에 갔어요. 종기를 잘 치료한다고 소문이 자자한 곳이었지요. 한의사는 사사키 목에 고약을 붙였어요. "뭐야? 이게." 사사키는 이 남자의 치료가 영 미덥지 못했어요. 며칠 후, 고약을 떼자 종기가 씻은 듯 나았어요. 감탄한 사사키는 〈경성일보〉에 글을 썼어요.

"나는 3번 놀랐다. 진료소가 너무 더러워 놀랐고, 치료비가 너무 저렴해 놀랐으며, 기막히게 잘 나아서 놀랐다."

고약은 엄지손톱 크기의 초콜릿색 덩어리예요. 그걸 상처가 난 자리에 파스처럼 붙이고 이틀 후에 떼면 고름이 찍! 하고 터져요. 말하자면, 피부에 고인 고름을 빼는 약인 거죠. 고약은 조선 시대 때부터 종기를 치료하던 전통 한약이에요. 〈조선왕조실록〉에는 종기로 고생했던 22대 왕 정조가 고약으로 치료받았다는 기록이 나와요.

이명래는 1890년 서울에서 태어났어요. 천주교 신자였던 이명래는 프랑스인 선교사 드비즈 신부의 도움을 받아 1906년 이명래 고약을 세상에 내놓았어요. 서양 의학에 전통 한의학과 민간요법을 사용한 고약이었어요. 이명래 고약은 최초의 한국형 신약이자, 개발자의 이름을 넣은 한국 1호 약이에요. 항생제가 없던 시절, 이명래 고약은 종기로 고생하던 우리나라 사람들에게 많은 사랑을 받은 국민 고약이었어요.

명의로 소문난 이명래였지만 그는 의사 면허와 약국 면허가 없었어요. 일본 경찰

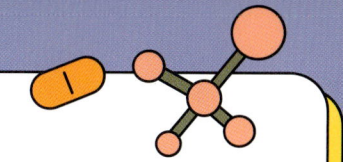

은 무허가 영업이라는 이유로 여러 번 이명래를 체포했어요. 하지만 별다른 처벌 없이 벌금만 내게 했어요. 이명래 고약은 이미 일본인들 사이에도 유명했고 이명래가 조선인과 일본인을 구별하지 않고 잘 치료해 줬기 때문이에요. 보다 못한 사사키가 조선 총독부˙에 손을 써서 면허를 받게 해 주겠다고 제의했지만, 이명래는 일본인이 주는 면허는 받지 않겠다고 거절했어요. 이명래는 해방 후에 의사 면허를 취득했어요.

그 후, 1952년 한국 전쟁 중에 이명래가 사망하자 사위가 가업˙을 물려받았어요. 당시 이명래 고약은 진통 소염제인 안티푸라민과 더불어 유명했어요. 그러나 이명래 고약의 전성기는 거기까지였어요. 고약보다 효과도 빠르고 흉터도 남지 않는 항생제와 소염제가 보급되면서 이명래 고약은 점점 설 자리를 잃었어요. 2002년 이명래 고약을 제조하던 명래 제약이 경영난으로 문을 닫으면서 생산이 중단될 뻔했지만 다행히 한 제약 회사가 이명래 고약 판매권˙을 사면서 명맥을 이어 갈 수 있었어요.

- **대좌** 제2차 세계 대전까지 일본에서 대령을 이르던 말.
- **조선 총독부** 일제 강점기에 일본이 조선을 통치하던 기구.
- **가업** 대대로 물려받는 집안의 생업.
- **판매권** 상품 따위를 팔 수 있는 권리.

6장

이중 나선의 비밀을 밝혀라!

　1953년, 영국 킹스칼리지 대학 연구소에서 윌킨스는 아주 중요한 사진을 손에 넣었어요. 로절린드 프랭클린이 자리를 비운 사이에 벌어진 일이었죠. 1년 전 로절린드가 엑스선으로 촬영한 '사진 51(Photo 51)'이었어요. 주인 허락 없이 사진을 빼돌리는데도 윌킨스는 죄책감을 느끼지 않았어요. 윌킨스는 로절린드를 좋아하지 않았거든요.

　윌킨스는 그 사진을 왓슨과 크릭에게 보여 주었어요. 두 사람은 입을 쩍 벌렸어요.

　"맙소사, 이거였군."

　"이것으로 논란은 끝났어. 이토록 간단하면서 명쾌할 수 있다니!"

　그들은 흥분해서 어쩔 줄 몰랐어요. 그동안 실체를 보지 못해 상상만 했던 모든 가능성이 이 사진 한 장으로 깨끗이 정리되었어요.

　10년 후인 1962년에 윌킨스와 왓슨, 크릭은 DNA가 이중 나선 구조라는 것을 밝힌 공로로 노벨 생리·의학상을 함께 받았어요. 그들의 노벨상 수상에 결정적 단서를 제공한 로절린드는 수상자 명단에 오르지 못했지요.

유전의 비밀은 피가 아니라 DNA!

자식이 부모를 닮는 현상은 인류의 오랜 수수께끼 중 하나예요. 고대 그리스 의사 히포크라테스는 사람 체액 때문이라고 설명했어요. 체액은 피처럼 몸속에 흐르는 액체를 말해요. 부모의 체액에 따라 유전이 결정되는데, 엄마 체액이 더 강하면 자식은 엄마를 더 닮고, 아빠 체액이 강하면 아빠를 더 닮는다는 거예요.

중세부터 근대까지 유럽 상류층은 자신들의 혈관에 고귀한 피가 흐른다며 끼리끼리 결혼을 했어요. 피가 유전을 결정한다는 주장에는 그 어떤 과학적인 증거가 없었음에도 말이에요.

유전자라는 개념을 최초로 제시한 인물은 19세기 오스트리아 수도사 그

레고어 멘델이에요. 멘델은 수도원 뒤뜰 테니스장 크기의 밭에 완두콩을 키웠는데 완두콩의 색깔과 모양이 모두 같지 않은 것에 의심을 품었어요.

'유전자는 양말처럼 한 쌍으로 된 알갱이다. 둘 중 하나만 자식에게 전해진다. 어떤 것을 받느냐에 따라 콩의 모양도 달라지는 것이다.'

아빠는 대머리이고 엄마는 머리숱이 많아요. 그런데 대머리이면서 머리숱이 많은 자식은 있을 수 없어요. 머리숱이 많거나 대머리거나 둘 중 하나예요. 왜냐하면 자식은 부모의 유전자 중에서 하나만 물려받기 때문이에요. 하지만 멘델도 유전자의 실체가 무엇인지는 알아내지 못했어요.

1869년 스위스 과학자 프리드리히 미셰르는 붕대에 묻은 고름을 관찰하고 있었어요. 고름이란 인체에 병을 일으키는 병원체와 맞서 싸우다 죽은 백혈구예요. 백혈구는 세포이고 모든 세포의 중심에는 핵이 있어요. 미셰르는 세포핵 속에서 낯선 물질을 발견했어요.

"흠, 이 물질은 세포핵 안에 있으면서 산성을 띠고 있군."

미셰르가 발견한 이 물질이 바로 DNA예요. DNA가 발견되었지만 설마 이 녀석이 유전과 관련 있을 거라 생각한 과학자는 없었어요. DNA 구조는 단순하고 움직임도 거의 없었어요. 이렇게 게으르고 굼뜬 놈이 그 복잡한 유전을 담당할 거라는 생각은 도무지 들지 않았어요.

1931년 미국 세균학자 오즈월드 에이버리는 2개의 폐렴균을 실험하고 있었어요. 하나는 인간에게 해를 끼치지 않는 순한 폐렴균, 다른 하나는 폐렴을 일으키는 독한 폐렴균이었죠. 에이버리는 독한 폐렴균에서 추출한 어떤 물질을 순한 폐렴균에게 넣어 봤어요. 그랬더니 온순한 폐렴균이 갑자기 독한 폐렴균으로 변신했어요. 에이버리는 깜짝 놀랐어요.

순한 폐렴균을 타락(?)시킨 그 물질이 DNA였어요. DNA가 생명체의 성질을 싹 바꿔 버린 거예요. 하찮게 보였던 DNA가 과학자들이 그토록 찾던 유전 물질이었던 거예요.

여자가 무슨 과학이야!

　DNA의 실체가 드러나자, 과학자들은 DNA가 어떤 방식으로 후세에 유전 물질을 전달하는지, DNA의 역할은 무엇인지 알고 싶었어요. 그러려면 DNA의 구조를 알아내야 하는데 이게 쉽지가 않았어요. DNA는 세포핵 내부에 꼭꼭 숨겨져 있고, 굵기는 머리카락 4만분의 1밖에 안 돼요. 당시 현미경 수준으로는 DNA를 볼 수가 없었어요.

　1950년대, 과학자들 사이에서 DNA 구조를 밝혀내려는 치열한 경쟁이 시작되었어요. 먼저 발견한 사람에게 노벨상은 떼어 놓은 당상이었어요. 당시 가장 유력한 사람은 당대 천재 과학자라 불리던 미국 화학자 라이너스 폴링이었어요. 그런데…….

　"전쟁을 멈춰라! 핵 실험을 중단하라!"

　폴링은 난데없이 전쟁과 핵 실험을 반대하는 운동에 푹 빠졌어요. 폴링은 단숨에 FBI(미연방 수사국)가 감시하는 인물에 올랐고, 그를 지원하던 기업도 연구비를 끊었어요. 폴링은 자연스럽게 DNA 연구 경쟁에서 멀어졌어요.

　폴링이 경쟁 레이스에서 빠져나가자 영국 물리학자 모리스 윌킨스와 그의 연구 파트너 로절린드 프랭클린이 강력한 후보자로 떠올랐어요. 하지만 둘은 사이가 좋지 않았어요. 그들은 영국 킹스칼리지 대학 연구소 소속이었는데 윌킨스는 로절린드를 동등한 동료가 아닌 조수로 대했어요. 로절린드가 여자였기 때문이에요.

"여자가 무슨 과학이야!"

1950년대 서구 사회에는 여성의 사회적 진출을 곱게 보지 않던 사람들이 많았어요. 남자들만 득실대던 과학 영역에서의 텃세는 더욱 심했어요. 로절린드는 심지가 굳세고 총명한 여인이었어요. 케임브리지대학교에서는 장학금을 받았고, 석탄 구조를 연구해 2차 세계 대전 중 영국군의 방독면 품질을 개선하는 데 큰 도움을 줬어요. 그녀에게는 뛰어난 재주가 하나 더 있었는데 사진술이에요. 로절린드는 3년간 프랑스에서 엑스선으로 사진을 찍는 법을 공부했어요. DNA 구조를 꼭 보고 싶었거든요. DNA는 너무 작아 현미경으로는 볼 수 없지만 투시경처럼 물질 내부를 촬영하는 엑스레이라면 뭔가 단서를 줄 것 같았어요. 1952년 4월, 로절린드가 51번째로 촬영한 사진에 흐릿하지만 뭔가가 나타났어요.

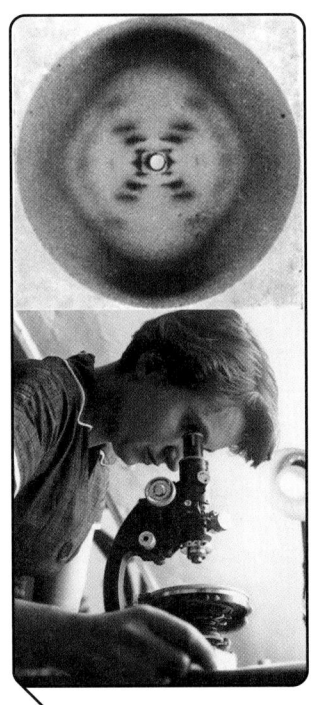

(상)로절린드가 촬영한 51번 엑스선
(하)로절린드 프랭클린
(출처: 위키미디어커먼스)

"DNA는 이중 나선 구조구나!"

이중 나선이란, 줄사다리를 꽈배기 빵처럼 배배 꼰 형태를 말해요. 로절린드는 이 촬영물에 '사진 51'이라는 이름을 붙였어요. '사진 51'은 과학 역사에서 가장 중요한 사진 중 하나예요.

하지만 로절린드는 이 놀라운 결과를 즉시 발표하지 않았어요. 완벽주의자였던 그녀는 시간을 두고 꼼꼼하게 사진을 분석하고 싶었어요. 분석하는 데만 1년이 걸렸어요. 모든 것이 분명해지자 로절린드는 DNA 이중 나선 구조를 논문으

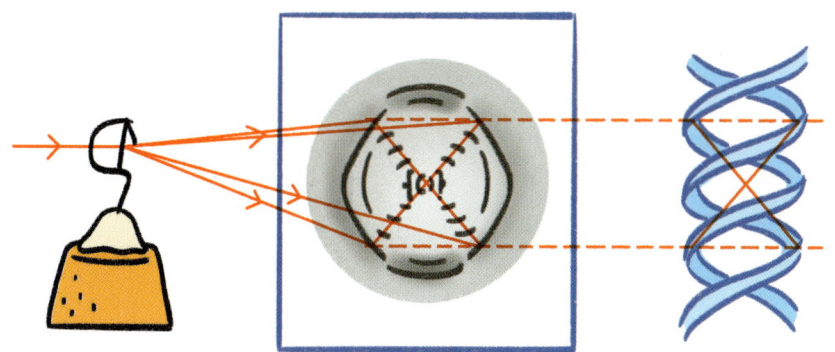

DNA 샘플에 엑스선을 쏘아 찍은 사진51과 사진 51을 구조화한 DNA 그림

로 작성해 학술지에 보냈어요. 출판되면 세상이 깜짝 놀라겠지? 하고 그녀는 가슴이 두근거렸어요.

1953년 4월 25일 과학 학술지 〈네이처〉가 나왔을 때 로절린드는 두 눈을 의심했어요. 비슷한 내용인데 저자가 다른 논문이 자신의 것보다 먼저 올라와 있었어요. 저자의 이름은 제임스 왓슨과 프랜시스 크릭이었어요.

DNA 연구 경쟁의 최후 승자

왓슨과 크릭은 1951년 10월 영국 케임브리지대학교에서 처음 만났어요. 둘은 태어난 나라도, 나이도, 성격도 달랐어요. 심지어 공부하는 분야도 달랐어요. 왓슨은 유전학을 공부했고 크릭은 물리학을 공부했거든요. 하지만 DNA 구조에 관심이 있다는 공통점 하나로 힘을 모았어요.

당시 왓슨과 크릭의 입지는 좋지 않았어요. 두 사람은 DNA 연구 경쟁에서 가장 뒤떨어진 그룹으로 평가받고 있었어요. 어떤 화학자는 두 사람이 기초적 화학 지식도 없다며 혀를 차기도 했어요. 초조해진 그들은 앞선 경쟁자를 따라잡기 위해 안간힘을 썼어요.

이미 두 사람은 나름 연구를 통해 DNA가 이중 나선 구조일 거라 확신하고 있었어요. 하지만 그것은 어디까지나 가설일 뿐, 이를 뒷받침해 줄 증거가 없었어요. 그때, 두 사람의 연구실에 종종 놀러 오던 윌킨스가 놀라운 정보를 물고 왔어요.

"로절린드 프랭클린 알지? 그 여자가 찍은 사진을 가져왔어. 후후, 쉿! 비밀이야!"

로절린드와 사이가 좋지 않았던 윌킨스는 그녀가 엑스선으로 촬영한 '사진 51'을 두 사람에게 보여 주었어요. 왓슨과 크릭은 덩실덩실 춤이라도 추고 싶었어요. 사진은 말하고 있었어요. DNA가 이중 나선 구조라는 것을 말이에요. 꼭 필요한 증거가 손에 들어온 거예요.

로절린드가 사진을 분석하느라 1년의 세월을 보내는 동안, 왓슨과 크릭은 재빨리 논문을 쓰기 시작해 〈네이처〉에 발표했어요. 2페이지, 128줄, 900자 안팎의 이 짧은 논문 제목은 '핵산의 분자 구조: 디옥시리보핵산의 구조'였어요.

왓슨과 크릭, 윌킨스는 1962년 노벨 생리·의학상을 공동 수상했어요. 로절린드 프랭클린은 수상자 명단에 없었어요. 노벨상은 한 분야에서 3명까지만 받을 수 있고, 사망자는 수상 자격이 없는데 그녀는 이미 1958년에 난소암으로 사망했어요. 로절린드는 눈을 감을 때까지 자신의 사진이 빼돌려졌다는 사실을 알지 못했어요.

DNA 이중 나선 구조가 대체 뭐야?

이 건물은 DNA의 이중 나선 구조에서 영감을 받은 아파트예요. 양쪽에 두 개의 건물이 붙어 있고 나선형으로 꼬인 모습이에요. 층마다 집이 있

DNA 구조를 닮은 아파트

고 그 안에는 사람들이 살고 있지요. 그렇다면 실제 DNA는 무엇으로 이루어져 있을까요?

DNA와 아파트를 비교해 볼까요? 아래 그림은 DNA를 구성하는 분자 구조예요. 양쪽 끝

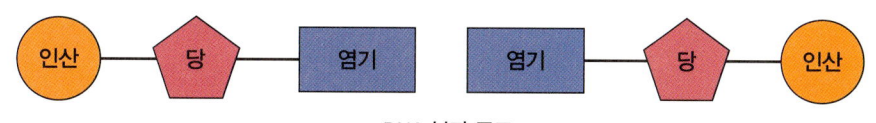

DNA 분자 구조

의 인산과 당은 건물 벽이고, 가운데 염기 2개는 집이에요.

인산은 산성을 띠는 물질로 비료나 세제에 많이 들어 있어요. 당이란 단맛을 지닌 물질로 탄소 5개가 결합되어 있다고 해서 5탄당이라고도 해요. 염기는 식초처럼 신맛을 내는 산(Acid)의 반대 물질로 촉감이 미끈미끈하고 맛을 보면 쓴맛이 나요. DNA는 이런 층들이 위아래로 촘촘히 연결된 구조예요.

DNA 아파트에서 가장 중요한 건 염기예요. 인산과 당은 어차피 층마다 똑같거든요. 염기가 층수를 구별해 주는 역할을 해요.

DNA 아파트에 사는 입주자(염기)는 네 종류예요. 아데닌(adenine), 티민(thymine), 구아닌(guanine), 시토신(cytosine)이에요. 줄여서 A, T, G, C로 표기해요. A는 T와 친하고, G는 C와 절친이에요. 다른 사람이 옆집에 이

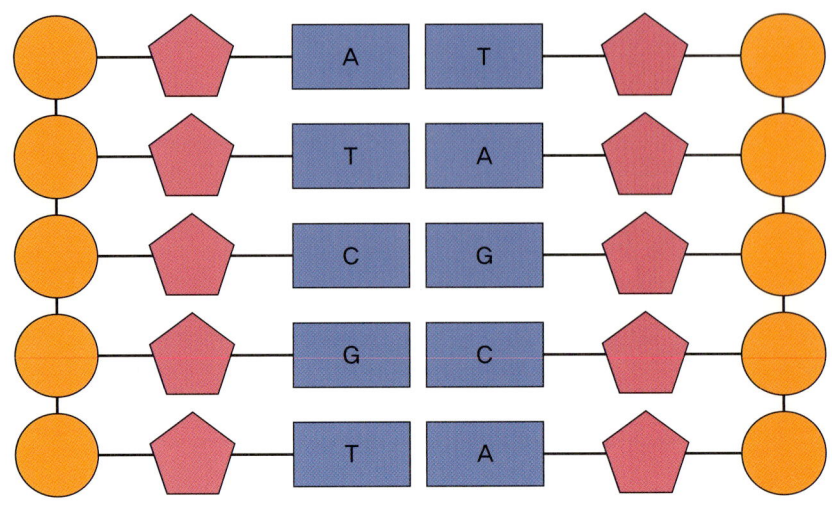

염기 서열

사를 오면 싸움이 나요. 아파트의 평화를 위해 친한 사람끼리 이웃이 되어야 해요. 1층부터 꼭대기 층까지 염기를 짝지은 것을 염기 서열이라고 불러요. 말하자면, 몇 층에 누가 사는지 기록한 입주자 명부인 셈이에요. DNA 아파트는 이런 염기 서열이 32억 개가 넘어요. 32억 층 이상의 초고층 아파트인 거예요. 이것을 입체적인 이중 나선 구조로 나타내면 다음 그림과 같아요.

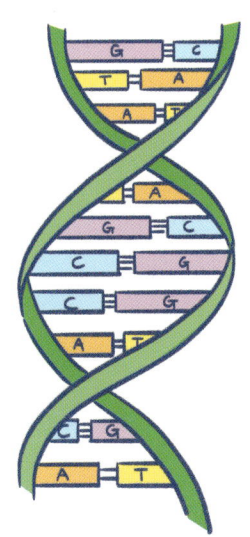

DNA 염기 서열 이중 나선 구조

DNA는 왜 이중 나선일까요? 박스 10개를 쌓을 때, 한 줄로 올리면 10층이지만, 두 줄로 쌓으면 5층이 되어 공간을 절약할 수 있어요. DNA에는 64억 개(32억 쌍) 이상의 염기가 있어요. 이 많은 염기를 쌓는 것도 중요하지만 필요할 때 빨리 꺼내 쓸 수 있는 구조가 되어야 해요. 탑처럼 수직으로 쌓아 올리면 위아래로 꽉 끼어 꺼내기가 어려워요. 외형을 살짝 비튼 이중 나선이 적합한 구조예요. 이중 나선은 가장 단순하면서 최고로 안정적인 기하학적 형태예요.

DNA는 단백질 설계도

그럼 DNA는 우리 몸에서 어떤 일을 하는 걸까요? DNA는 하나의 거대한 단백질 설계도예요. 손톱, 발톱, 머리카락, 피부, 근육, 장기, 효소와 호르몬, 세포 등등 단백질은 우리 몸을 구성하고 생명을 유지하는 데 꼭 필요한 성분이에요. 우리 몸에는 이런 단백질이 약 10만 가지나 있어요. DNA는 이런 단백질을 만드는 데 꼭 필요한 설계도를 가지고 있어요.

어떤 사람이 돌에 부딪혀 새끼발톱이 빠졌어요. 처음에는 좀 아프겠지만 괜찮아요. DNA에는 발톱 단백질을 만드는 설계도가 있으니까요. 하지만 DNA는 설계도를 보관하는 사무실이지, 단백질을 만드는 공장은 아니에요. 단백질은 세포 내에 있는 리보솜에서 만들어요. 그래서 단백질 설계도를 리보솜 공장장에게 갖다주는 메신저가 필요한데 그 메신저 역할을 하는 게 mRNA예요. mRNA의 'm'은 '메신저(messenger)'라는 뜻이에요.

mRNA는 단백질 원본 설계도를 쓱 복사해서 리보솜에 전해 줘요. 이 복사 과정을 전사라고 부르는데, 전사는 글이나 그림을 옮겨서 베끼는 것을 말해요.

"리보솜 공장장님, 설계도 가져왔습니다."
"흠. 이번에는 새끼발톱 단백질 설계도인가?"

단백질을 만드는 일을 '합성'한다고 표현해요. 합성은 여러 개의 재료를 합해서 만든다는 뜻이에요. 단백질은 20종류의 아미노산을 섞어 만들어요. 마치 레고와 비슷해요. 어떤 아미노산을 어떤 순서로, 어떻게 결합하느냐에 따라 단백질의 종류와 기능도 달라져요.

예를 들어 핏속에 든 적혈구에는 우리 몸에 산소를 운반하는 헤모글로빈이라는 단백질이 있어요. 헤모글로빈은 가운데가 도넛처럼 움푹 파여 있는데, 글루탐산이라는 아미노산 때문이에요. 덕분에 적혈구는 효율적으로 산소를 전달할 수 있어요. 그런데 글루탐산 대신 발린이라는 아미노산이 들어가면 적혈구는 낫 모양으로 바뀌어요. 적혈구는 삐죽 튀어나온 낫 모양의 헤모글로빈 때문에 혈관과 자꾸 충돌하고 산소가 부족해 만성 빈혈이 생겨요. 사소한 차이가 엄청난 결과로 이어지는 거예요.

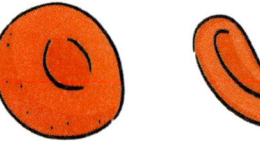
정상적인 적혈구와 낫 모양 적혈구

인간 게놈 프로젝트

1990년 미국과 영국을 중심으로 DNA 염기 서열을 모두 읽는 초대형 프로젝트가 시작되었어요. 염기 서열을 읽는다는 건 암호 같은 염기를 전부 해석하겠다는 뜻이에요. 모든 해석이 끝나면 인류는 생명의 신비와 비밀을 풀 단서를 손에 쥐게 될 테고 어쩌면 질병의 원인을 알아낼 수도 있을 것 같았어요.

"잠깐, 굳이 염기 쌍을 다 읽을 필요는 없잖아? 시간도 없는데 반만 읽자고."

염기 서열이 'AT-TA-GC-CG'라고 할 때, 과학자들은 'A-T-G-C' 이렇게 읽어요. 그래도 상관없어요. 어차피 A는 T하고만 결합하고, C는 G하고만 결합해요. 한쪽만 읽어도 반대쪽에 뭐가 있는지 알 수 있어요.

하지만 그렇게 읽어도 엄청난 시간이 쓰였어요. 모든 염기 서열을 다 읽는데 13년이나 걸렸고, 비용은 30억 달러가 넘었어요. 대략 염기쌍 하나를 읽는 데 약 1달러(한화로 약 1,320원)가 들었던 거예요.

해독 결과는 다소 충격적이었어요. 32억 개 이상의 염기쌍에서 유전 정보를 가진 녀석은 고작 2퍼센트 미만이었거든요. 나머지는 의미가 없거나 무슨 말인지 해석이 불가능했어요.

이 의미 있는 2퍼센트가 유전자(Gene)예요. 과학자들은 나머지 98퍼센트 염기를 쓰레기 DNA(Junk DNA)라 불렀어요. 2퍼센트의 유전자와 98퍼센트의 쓰레기 DNA를 합한 것, 그러니까 모든 염기쌍을 다른 말로 게놈(Genom)이라고 불러요. 그래서 이 프로젝트의 이름이 '인간 게놈 프로젝트'예요.

인간 게놈은 99.5% 이상이 같아요. 0.5%라는 미세한 차이로 잘생긴 얼굴, 못생긴 얼굴, 긴 다리, 짧은 다리, 대머리, 곱슬머리 등으로 나뉠 뿐 아니라 운동 신경과 건강 상태까지 모두 각각 다르게 나타나요.

그렇기 때문에 엄밀히 말하면 DNA와 유전자는 다른 개념이에요. DNA 속 2퍼센트 미만의 염기쌍만 유전자니까요. 그렇지만 DNA가 유전자를 품고 있다는 점에서 DNA를 유전자라고 부르고 있어요.

과학자들은 해석한 유전자가 염색체 어디에 있는지를 쉽게 파악할 수 있게 지도처럼 표시했어요. 이것을 게놈 지도라고 불러요.

유전자를 싹둑 자르는 가위

달 착륙선처럼 생긴 박테리아 파지라는 바이러스가 있어요. 생긴 건 요상하지만 사람에게는 고마운 녀석이에요. 사람과 동물, 식물같이 핵을 가지고 있는 생물은 건드리지 않고 세균만 때려잡아요. 박테리아 파지의 등

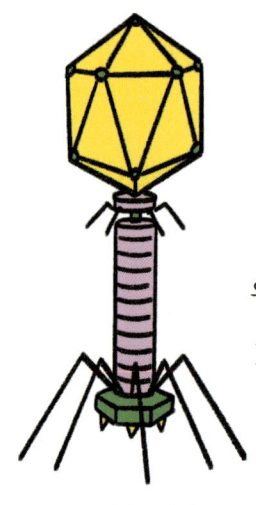
쌀에 견디다 못한 세균도 반격에 나섰어요. 박테리아 파지는 세균을 공격할 때 세균의 세포 안에 자신의 DNA를 집어넣어요. 이때 세균은 이 침입자의 DNA 구조를 외웠다가 다음번에 다시 침입하면 가위를 꺼내 그 염기 서열의 특정 부분을 뚝 잘라 내요. DNA 허리가 싹둑 잘려 나간 바이러스는 비명도 지르지 못하고 사망해요. 이 가위를 유전자 가위라고 불러요.

박테리아 파지

"이 가위로 불치병과 난치병을 치료할 수 있지 않을까?"

유전학자들은 유전자 가위를 보고 이렇게 생각했어요. 예를 들어, 사람의 DNA에 암과 같은 질병의 원인이 되는 염기 서열이 있다면 그 부분을

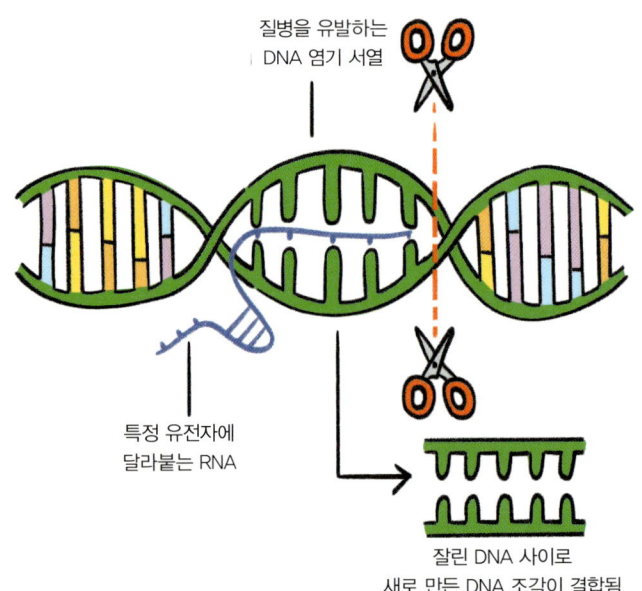

유전자 가위

잘라 내고 정상적인 염기 서열을 붙이는 거예요. 이것을 유전자 '편집'이라고 불러요. 유전자 가위를 이용한 유전자 편집 기술은 현재 생명 공학* 분야에서 가장 뜨거운 주제예요.

과학자들은 유전자 가위 기술로 난치성 희귀 유전병의 90퍼센트를 치료할 거라 예상해요. 유전 공학*은 정말 마법의 학문이에요. 유전자 연구를 통해 질병으로 고통받고 절망에 빠진 사람들이 건강과 웃음을 되찾는 날이 어서 오기를 바라고 있어요.

- **생명 공학** 생명 현상, 생물 기능 그 자체를 인위적으로 조작하는 기술을 통틀어 이르는 말.
- **유전 공학** 유전자의 합성, 변형 따위를 연구하는 학문.

부록
하찮지만 알고 보면 슈퍼 곤충, 초파리

초파리는 껍질을 깎은 과일과 음식물 찌꺼기가 쌓인 싱크대 주변에서 쉽게 볼 수 있어요. 집파리 절반 크기인 초파리는 방충망이나 하수구 거름망쯤은 거뜬히 뚫고 들어와요. 더러운 균을 사람에게 옮겨 식중독을 일으키는 주범이기도 해요. 상당히 귀찮고 하찮고 성가신 녀석이지요.

그러나 초파리가 DNA를 연구하는 유전학에 혁혁한 공을 세운 슈퍼 곤충이라는 사실을 아는 사람은 그리 많지 않아요. 초파리가 없었다면 현대 유전학은 지금 이 수준으로 발달하지 못했을 거라고 말하는 과학자들도 있어요.

사람 손톱보다 작은 초파리지만 초파리 DNA는 인간 DNA와 60퍼센트 일치해요. 또 인간 질병과 관계 있는 유전자 중 75퍼센트가 초파리에서도 발견돼요. 번식력도 왕성해요. 암컷 초파리는 하루에 100개의 알을 낳고, 열흘 후에 다시 출산하는 것이 가능해 짧은 시간에 여러 세대의 초파리 유전자를 비교할 수 있다는 장점도 있어요.

처음으로 초파리를 실험 대상으로 삼은 사람은 1900년 미국 하버드대학교 교수 윌리엄 캐슬이에요. 실험 대상이 꼭 초파리일 필요는 없었어요. 강의를 듣는 학생들이 실험할 동물이 필요했는데 마침 교실을 윙윙 날아다니는 초파리가 눈에 띄었던 거예요. 윌리엄은 포도송이로 초파리를 유혹하는 데 성공했어요.

1910년, 미국 생물학자 토머스 헌트 모건은 초파리를 실험하다 DNA가 세포핵 속 염색체에 들어 있다는 사실을 알아냈어요. 토머스는 이 연구로 1933년 노벨상을

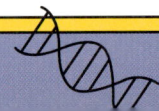

받았어요.

그 이후로 1946년 미국의 허먼 조지프, 1995년 미국의 에드워드 루이스와 에릭 비샤우스 그리고 독일의 크리스티아네 뉘슬라인폴하르트, 2004년 미국의 리처드 액설과 린다 벅, 2011년 미국의 브루스 보이틀러와 프랑스의 율레스 호프만과 캐나다의 랠프 스타인먼, 2017년 미국의 제프리 홀, 마이클 로스배시, 마이클 영이 초파리 연구로 노벨 생리·의학상을 받았어요.

토머스 헌트 모건
(출처: 위키미디어커먼스)

특히 2017년 노벨상 수상자가 발표되자 미국 일간지 〈뉴욕 타임스〉는 '초파리가 또 하나의 노벨상을 받았다'는 기사를 실었어요. 수상자 중 한 명인 로스배시는 수상 소감으로 초파리에게 감사의 마음을 전했어요. 현재 많은 학자들이 초파리 유전자를 이용해 난치성 희소병과 정신 질환을 치료하는 연구를 진행 중이라고 해요. 초파리 연구로 7번째 노벨상을 받을 학자는 과연 누구일까요?

참고 문헌

김영만, **노벨 생리 의학상**, 바른사(2006)

예병일, **의학사 노트**, 한울(2017)

이은희, **하리하라의 청소년을 위한 의학 이야기**, 살림Friends(2014)

사마키 에미코 외 4인, **인간 유전 상식사전**, 중앙에듀북스(2016)

최재천 외 30인, **내 생명의 설계도 DNA**, 동아엠앤비(2013)